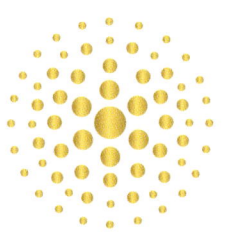

바로보인

전傳
등燈
록錄

25

농선 대원 역저

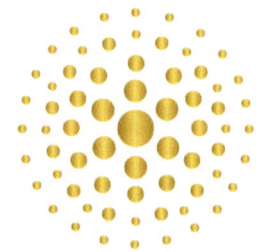

이 원상은 농선 대원 선사님께서 직접 그리신 것으로 모든 불성이 서로 상즉해 공존하는 원리를 담은 것이다.

선 심(禪心)

누리 삼킨 참나를
낙화(落花)로 자각(自覺)
떨어지는 물소리로 웃고 가는 길
돌에서 꽃에서도 님이 맞는다

 정맥 선원의 문젠 마크는 농선 대원 선사님께서 마음을 상징하는 달(moon)과 그 마음을 깨달아 마음이 내가 된 삶인 선(zen)을 평화의 상징인 비둘기로 형상화 하신 것이다.

교조 석가모니 부처님과
부처님으로부터 직계로 내려온
불조정맥 78대 조사들의
진영과 전법게

 불조정맥

　　불조정맥이란 석가모니 부처님으로부터 현 78대 조사에 이르기까지 스승에게 깨달음의 인증인 인가를 받아 법을 전하라는 부촉을 받은 전법선사의 맥이다. 여기에 실린 불조진영과 전법게는 농선 대원 선사님께서 다년간 수집 정리하여 기도와 관조 끝에 완성하여 수립하신 것이다. 각 선사의 진영과 함께 실린 전법게는 스승으로부터 직접 전해 받은 게송이다. 단, 석가모니 부처님 진영에 실린 게송은 석가모니 부처님의 게송이다.

교조 석가모니 부처님

환화라고 하는 것 근본 없어 생긴 적도 없어서	幻化無因亦無生
모두가 스스로 이러-해서 본다 함도 이러-하네	皆則自然見如是
모든 법도 스스로 화한 남, 아닌 것이 없어서	諸法無非自化生
환화라 하지만 남이 없어 두려워할 것도 없네	幻化無生無所畏

제1조　마하가섭 존자

법이라는 본래 법엔 법이랄 것 없으나　　法本法無法
법이랄 것 없다는 법, 그 또한 법이라　　無法法亦法
이제 법이랄 것 없음을 전해줌에　　今付無法時
법이라는 법인들 그 어찌 법이랴　　法法何曾法

제2조　아난다 존자

법이란 법 본래의 법이라　　法法本來法
법도 없고 법 아님도 없으니　　無法無非法
어떻게 온통인 법 가운데　　何於一法中
법 있으며 법 아닌 것 있으랴　　有法有非法

제3조　상나화수 존자

본래의 법 전함이 있다 하나　　本來付有法
전한 말에 법이랄 것 없다 했네　　付了言無法
각자가 스스로 깨달으라　　各各須自悟
깨달으면 법 없음도 없다네　　悟了無無法

제4조　우바국다 존자

법 아니고 마음도 아니어서　　非法亦非心
맘이랄 것, 법이랄 것 없나니　　無心亦無法
마음이다, 법이다 설할 때는　　說是心法時
그 법은 마음법이 아니로다　　是法非心法

제5조　제다가 존자

마음이란 스스로인 본래의 마음이니　　心自本來心
본래의 마음에는 법 있는 것 아니로다　　本心非有法
본래의 마음 있고 법이란 것 있다 하면　　有法有本心
마음도 아니요 본래 법도 아니로다　　非心非本法

제6조 미차가 존자

본래의 마음법을 통달하면	通達本心法
법도 없고, 법 아님도 없도다	無法無非法
깨달으면 깨닫기 전과 같아	悟了同未悟
마음이니, 법이니 할 것 없네	無心亦無法

제7조 바수밀 존자

맘이랄 것 없으면 얻음도 없어서	無心無可得
설함에 법이라 이름할 것도 없네	說得不名法
만약에 맘이라 하면 마음 아님 깨달으면	若了心非心
비로소 마음인 마음법 안다 하리	始解心心法

제8조 불타난제 존자

가없는 마음으로	心同虛空界
가없는 법 보이니	示等虛空法
가없음을 증득하면	證得虛空時
옳고 그른 법이 없다	無是無非法

제9조 복타밀다 존자

허공이 안팎 없듯	虛空無內外
마음법도 그러하다	心法亦如此
허공이치 요달하면	若了虛空故
진여이치 통달하네	是達眞如理

제10조 파율습박(협) 존자

진리란 본래에 이름할 수 없으나	眞理本無名
이름에 의하여 진리를 나타내니	因名顯眞理
받아 얻은 진실한 법이라고 하는 것	受得眞實法
진실도 아니요, 거짓도 아니로세	非眞亦非偽

제11조　부나야사 존자

참된 몸 스스로 이러-히 참다우니	眞體自然眞
참됨을 설함으로 인해 진리란 것 있다 하나	因眞說有理
참답게 참된 법을 깨달아 얻으면	領得眞眞法
베풀 것도 없으며 그칠 것도 없다네	無行亦無止

제12조　아나보리(마명) 존자

미혹과 깨침이란 숨음과 드러남 같다 하나	迷悟如隱顯
밝음과 어둠이 서로가 여읠 수 없는 걸세	明暗不相離
이제 숨음이 드러난 법 부촉한다지만	今付隱顯法
하나도 아니요, 둘도 또한 아니로세	非一亦非二

제13조　가비마라 존자

숨었느니 드러났느니 하지만 본래의 법에는	隱顯卽本法
밝음과 어두움이 원래에 둘 아니라	明暗元不二
깨달아 마친 법을 전한다고 하지만	今付悟了法
취함도 아니요, 여읨도 아니로세	非取亦非離

제14조　나가르주나(용수) 존자

숨을 수도, 드러날 수도 없는 법이라 함	非隱非顯法
이것이 참다운 실제를 말함이니	說是眞實際
숨음이 드러난 법 깨달았다 하나	悟此隱顯法
어리석음도 아니요 지혜로움도 아니로다	非愚亦非智

제15조　가나제바 존자

숨었느니 드러났느니 하면 법에 밝다 하랴	爲明隱顯法
밝게 해탈의 이치를 설하려면	方說解脫理
저 법에 증득한 바도 없는 마음이어야 하니	於法心不證
성낼 것도 없으며 기쁠 것도 없다네	無嗔亦無喜

제16조　라후라타 존자

본래에 법을 전할 사람 대해　　　　　本對傳法人
해탈의 진리를 설하나　　　　　　　　爲說解脫理
법엔 실로 증득한 바 없어서　　　　　於法實無證
마침도 비롯함도 없느니라　　　　　　無終亦無始

제17조　승가난제 존자

법에는 진실로 증득한 바 없어서　　　於法實無證
취함도 없으며 여읨도 없느니라　　　　不取亦不離
법에는 있다거나 없다는 상도 없거늘　法非有無相
안이니 밖이니 어떻게 일으키리　　　　內外云何起

제18조　가야사다 존자

맘 바탕엔 본래에 남 없거늘　　　　　心地本無生
바탕의 인, 연을 쫓아 일으키나　　　　因地從緣起
연과 종자 서로가 방해 없어　　　　　緣種不相妨
꽃과 열매 그 또한 그러하네　　　　　華果亦復爾

제19조　구마라다 존자

마음의 바탕에 지닌 종자 있음에　　　有種有心地
인과 연이 능히 싹 나게 하지만　　　　因緣能發萌
저 연에 서로가 걸림이 없어서　　　　於緣不相礙
마땅히 난다 해도 남이 남 아니로세　　當生生不生

제20조　사야다 존자

성품에는 본래에 남 없건만　　　　　性上本無生
구하는 사람 대해 설할 뿐　　　　　　爲對求人說
법에는 얻은 바 없거늘　　　　　　　於法旣無得
어찌 깨닫고, 깨닫지 못함을 둘 것인가　何懷決不決

제21조 바수반두 존자

말 떨어지자마자 무생에 계합하면	言下合無生
저 법계와 성품이 함께 하리니	同於法界性
만일 능히 이와 같이 깨친다면	若能如是解
궁극의 이변 사변 통달하리	通達事理竟

제22조 마노라 존자

물거품과 환 같아 걸릴 것도 없거늘	泡幻同無礙
어찌하여 깨달아 마치지 못했다 하는가	如何不了悟
그 가운데 있는 법을 통달하면	達法在其中
지금도 아니요, 옛 또한 아니니라	非今亦非古

제23조 학륵나 존자

마음이 만 경계를 따라서 구르나	心隨萬境轉
구르는 곳마다 실로 능히 그윽함에	轉處實能幽
성품을 깨달아서 흐름을 따르면	隨流認得性
기쁠 것도 없으며 근심할 것도 없네	無喜亦無憂

제24조 사자보리 존자

마음의 성품을 깨달음에	認得心性時
사의할 수 없다고 말하나니	可說不思議
깨달아 마쳐서는 얻음 없어	了了無可得
깨달아선 깨달았다 할 것 없네	得時不說知

제25조 바사사다 존자

깨달음의 지혜를 바르게 설할 때에	正說知見時
깨달음의 지혜란 이 마음에 갖춘 바라	知見俱是心
지금의 마음이 곧 깨달음의 지혜요	當心卽知見
깨달음의 지혜가 곧 지금의 함일세	知見卽于今

제26조 　 불여밀다 존자

성인이 말하는 지견은	聖人說知見
경계를 맞아서 시비 없네	當境無是非
나 이제 참성품 깨달음에	我今悟眞性
도랄 것도, 이치랄 것도 없네	無道亦無理

제27조 　 반야다라 존자

맘 바탕에 참성품 갖췄으나	眞性心地藏
머리도, 꼬리도 없으니	無頭亦無尾
인연 응해 만물을 교화함을	應緣而化物
지혜라고 하는 것도 방편일세	方便呼爲智

제28조 　 보리달마 존자

마음에서 모든 종자 냄이여	心地生諸種
일(事)로 인해 다시 이치 나느니라	因事復生理
두렷이 보리과가 원만하니	果滿菩提圓
세계를 일으키는 꽃 피우리	華開世界起

제29조 　 신광 혜가 대사

내가 본래 이 땅에 온 것은	吾本來此土
법을 전해 중생을 구함일세	傳法救迷情
한 송이에 다섯 꽃잎 피리니	一花開五葉
열매 맺음 자연히 이뤄지리	結果自然成

제30조 　 감지 승찬 대사

본래의 바탕에 연 있으면	本來緣有地
바탕의 인에서 종자 나서 꽃핀다 하나	因地種華生
본래엔 종자가 있은 적도 없어서	本來無有種
꽃핀 적도 없으며 난 적도 없다네	華亦不曾生

제31조　대의 도신 대사

꽃과 종자 바탕으로 인하니　　　　　　華種雖因地
바탕을 쫓아서 종자와 꽃을 내나　　　　從地種華生
만약에 사람이 종자 내림 없으면　　　　若無人下種
남 없어 바탕에 꽃핀 적도 없다 하리　　華地盡無生

제32조　대만 홍인 대사

꽃과 종자 성품에서 남이라　　　　　　華種有生性
바탕으로 인해서 나고 꽃피우니　　　　因地華生生
큰 연과 성품이 일치하면　　　　　　　大緣與性合
그 남은 나도 남 아니로세　　　　　　　當生生不生

제33조　대감 혜능 대사

정 있어 종자를 내림에　　　　　　　　有情來下種
바탕 인해 결과 내어 영위하나　　　　　因地果還生
정이랄 것도 없고 종자랄 것도 없어서　無情既無種
만물의 근원인 도의 성품엔 또한 남도 없네　無性亦無生

제34조　남악 회양 전법선사

마음의 바탕에 모든 종자 머금어져　　　心地含諸種
널리 비 내림에 모두 다 싹트도다　　　　普雨悉皆生
단박에 깨달아 정을 다한 꽃피움에　　　頓悟華情已
보리의 과위가 스스로 이뤄졌네　　　　　菩提果自成

제35조　마조 도일 전법선사

마음의 바탕에 모든 종자 머금어져　　　心地含諸種
비와 이슬 만남에 모두 다 싹이 트나　　遇澤悉皆萌
삼매의 꽃핌이라 형상이 없거늘　　　　　三昧華無相
무엇이 무너지고 무엇이 이뤄지랴　　　　何壞復何成

제36조　백장 회해 전법선사

마음 외에 본래에 다른 법이 없거늘　　心外本無法
부촉함이 있다 하면 마음법이 아닐세　　有付非心法
원래에 마음법 없음을 깨달은　　　　　旣知非法心
이러-한 마음법을 그대에게 부촉하네　如是付心法

제37조　황벽 희운 전법선사

본래에 말로는 부촉할 수 없는 것을　　本無言語囑
억지로 마음의 법이라 전함이니　　　　强以心法傳
그대가 원래에 받아 지닌 그 법을　　　汝旣受持法
마음의 법이라고 다시 어찌 말하랴　　心法更何言

제38조　임제 의현 전법선사

마음의 법 있으면 병이 있고　　　　　病時心法在
마음의 법 없으면 병도 없네　　　　　不病心法無
내 부촉한 마음의 법에는　　　　　　　吾所付心法
마음의 법 있는 것 아니로세　　　　　不在心法途

제39조　흥화 존장 전법선사

지극한 도는 간택함이 없으니　　　　　至道無揀擇
본래의 마음이라 향하고 등짐이 없느니라　本心無向背
이 같음을 감당해 이으려는가?　　　　便如此承當
봄바람에 곤한 잠을 더하누나　　　　　春風增瞌睡

제40조　남원 혜옹 전법선사

대도는 온통 맘에 있다지만　　　　　　大道全在心
맘에 구함 있으면 그르치네　　　　　　亦非在心求
그대에게 부촉한 자심의 도에는　　　　付汝自心道
기쁨도 근심도 없느니라　　　　　　　無喜亦無憂

제41조 풍혈 연소 전법선사

나 이제 법 없음을 말하노니	我今無法說
말한 바가 모두 다 법 아니라	所說皆非法
법 없는 법 지금에 부촉하니	今付無法法
이 법에도 머무르지 말아라	不可住于法

제42조 수산 성념 전법선사

말한 적도 없어야 참법이니	無說是眞法
이 말함은 원래에 말함 없네	其說元無說
나 이제 말한 적도 없을 때	我今無說時
말함이라 말한들 말함이랴	說說何曾說

제43조 분양 선소 전법선사

예로부터 말함 없음 부촉했고	自古付無說
지금의 나 또한 말함 없네	我今亦無說
다만 이 말함 없는 마음을	只此無說心
모든 부처 다 같이 말한 바네	諸佛所共說

제44조 자명 초원 전법선사

허공이 형상이 없다 하나	虛空無形像
형상도, 허공도 아닐세	形像非虛空
내 부촉한 마음의 법이란	我所付心法
공도 공한 공이어서 공 아닐세	空空空不空

제45조 양기 방회 전법선사

허공이 면목이 없듯이	虛空無面目
마음의 상 또한 이와 같네	心相亦如然
곧 이렇게 비고 빈 마음을	卽此虛空心
높은 중에 높다고 하는 걸세	可稱天中天

제46조　백운 수단 전법선사

마음의 본체가 허공같아	心體如虛空
법 또한 허공처럼 두루하네	法亦遍虛空
허공 같은 이치를 증득하면	證得虛空理
법도 아니요, 공한 맘도 아니로세	非法非心空

제47조　오조 법연 전법선사

도에는 나라는 나 원래 없고	道我元無我
도에는 맘이란 맘 원래 없네	道心元無心
오직 이 나라 함도 없는 법으로	唯此無我法
나라 함 없는 맘에 일체하네	相契無我心

제48조　원오 극근 전법선사

참나에는 본래에 맘이랄 것 없으며	眞我本無心
참마음엔 역시나 나랄 것 없으나	眞心亦無我
이러-히 참답게 참마음에 일체되면	契此眞眞心
나를 나라 한들 어찌 거듭된 나겠는가	我我何曾我

제49조　호구 소륭 전법선사

도 얻으면 자재한 마음이고	得道心自在
도 얻지 못하면 근심이라 하나	不得道憂惱
본래의 마음의 도 부촉함에	付汝自心道
기쁨도, 근심도 없느니라	無喜亦無惱

제50조　응암 담화 전법선사

맑던 하늘 구름 덮인 하늘 되고	天晴雲在天
비 오더니 젖어있는 땅일세	雨落濕仕地
비밀히 마음을 부촉함이여	秘密付與心
마음법이란 다만 이것일세	心法只這是

제51조　밀암 함걸 전법선사

부처님은 눈으로써 별을 보고	佛用眼觀星
난 귀로써 소리를 들었도다	我用耳聽聲
나의 함이 부처님의 함과 같아	我用與佛用
내 밝음이 그대의 밝음일세	我明汝亦明

제52조　파암 조선 전법선사

부처와 더불어 중생의 보는 것이	佛與衆生見
원래 근본 부처인데 금 그은들 바뀌랴	元本佛隔線
그대에게 부촉한 본연의 마음법에는	付汝自心法
깨닫고 깨닫지 못함도 없느니라	非見非不見

제53조　무준 사범 전법선사

내가 만약 봄이 없다 할 때에	我若不見時
그대 응당 봄이 없이 보아라	汝應不見見
봄에 봄 없어야 본연의 봄이니	見見非自見
본연의 마음이 언제나 드러났네	自心常顯現

제54조　설암 혜랑 전법선사

진리는 곧기가 거문고줄 같다는데	眞理直如絃
어떻게 침묵이나 말로 다시 할 것인가	何默更何言
나 이제 그대에게 공교롭게 부촉하니	我今善付囑
밝힌 마음 본래에 얻음이 없는 걸세	表心本無得

제55조　급암 종신 전법선사

사람에겐 미혹하고 깨달음이 본래 없는데	本無迷悟人
미했느니 깨쳤느니 제 스스로 분별하네	迷悟自家計
젊어서 깨달았다 말이나 한다면	記得少壯時
늙어서까지라도 깨닫지 못할 걸세	而今不覺老

제56조　석옥 청공 전법선사

이 마음이 지극히 광대하여	此心極廣大
허공에 비할 수도 없다네	虛空比不得
이 도는 다만 오직 이러-하니	此道只如是
밖으로 찾음 쉬어 받아 지녔네	受持休外覓

제57조　태고 보우 전법선사

지극히 큰 이것인 이 마음과	至大是此心
지극히 성스러운 이것인 이 법이라	至聖是此法
등불과 등불의 광명처럼 나뉨 없음	燈燈光不差
이 마음 스스로가 통달해 마침일세	了此心自達

제58조　환암 혼수 전법선사

마음 중의 본연의 마음과	心中有自心
법 중의 지극한 법을	法中有至法
내가 지금 부촉한다 하나	我今可付囑
마음법엔 마음법이라 함도 없네	心法無心法

제59조　구곡 각운 전법선사

온통인 도, 마음의 광명이라 할 것도 없으나	一道不心光
과거, 현재, 미래와 시방을 밝힘일세	三際十方明
어떻게 지극히 분명한 이 가운데	何於明白中
밝음과 밝지 않음 있다고 하리오	有明有不明

제60조　벽계 정심 전법선사

나 지금 법 없음을 부촉하고	我無法可付
그대는 무심으로 받는다 하나	汝無心可受
전함 없고 받음 없는 맘이라면	無付無受心
누구라도 성취하지 못했다 하랴	何人不成就

제61조　벽송 지엄 전법선사

마음이 곧 깨달음의 마음이요	心卽能知心
법이 곧 깨달음의 법이라	法卽可知法
마음법을 마음법이라 전한다면	法心付法心
마음도, 법도 아닐세	非心亦非法

제62조　부용 영관 전법선사

조사와 조사가 법 없음을 부촉한다 하나	祖祖無法付
사람과 사람마다 본래 스스로 지님일세	人人本自有
그대는 부촉함도 없는 법을 받아서	汝受無付法
긴요히 뒷날에 전하도록 하여라	急着傳於後

제63조　청허 휴정 전법선사

참성품은 본래에 성품이라 할 것 없고	眞性本無性
참법은 본래에 법이라 할 것 없네	眞法本無法
법이니 성품이니 할 것 없음 깨달으면	了知無法性
어떠한 곳엔들 통달하지 못하랴	何處不通達

제64조　편양 언기 전법선사

법도 아니고 법 아님도 아니고	非法非非法
성품도 아니고 성품 아님도 아니며	非性非非性
마음도 아니고 마음 아님도 아님이	非心非非心
그대에게 부촉하는 궁극의 마음법일세	付汝心法竟

제65조　풍담 의심 전법선사

부처님이 전하신 꽃 드신 종지와	師傳拈花宗
내가 미소지어 보인 도리를	示我微笑法
친히 손수 그대에게 분부하니	親手分付汝
받들어 지녀 누리에 두루하게 하라	持奉遍塵刹

제66조 월담 설제 전법선사

깨달아선 깨달은 바 없으며	得本無所得
전해서는 전함 또한 없느니라	傳亦無可傳
전함도 없는 법을 부촉함이여	今付無傳法
동서가 온통한 하늘일세	東西共一天

제67조 환성 지안 전법선사

전하거나 받을 법이 없어서	無傳無受法
전하거나 받는다는 맘도 없네	無傳無受心
부촉하나 받은 바 없는 이여	付與無受者
허공의 힘줄마저 뽑아서 끊었도다	掣斷虛空筋

제68조 호암 체정 전법선사

연류에 따른 일단사여	沿流一段事
머리도 꼬리도 필경 없네	竟無頭與尾
사자새끼인 그대에게 부촉하니	付與獅子兒
사자후 천지에 가득케 하라	哨吼滿天地

제69조 청봉 거안 전법선사

서 가리켜 동에 그림이여	指西喚作東
풍악산의 뭇 봉우리로다	楓嶽山衆峰
불조의 이러한 법을	佛祖之此法
너에게 분부하노라	分付今日汝

제70조 율봉 청고 전법선사

머리도 꼬리도 없는 도리	無頭尾道理
오늘 그대에게 전해주니	今日傳授汝
이후로 보림을 잘 하여서	此後善保任
영원히 끊어짐이 없게 하라	永遠無斷絶

제71조　금허 법첨 전법선사

그믐날 근원에 돌아간다 말했으나　　　　晦日豫言爲還元
법신에 그 어찌 가고 옴이 있으랴　　　　法身何有去與來
푸른 하늘 해 있고, 못 가운데 연꽃일세　　日在靑天池中蓮
이 법을 분부하니 끊어짐이 없게 하라　　此法分付無斷絶

제72조　용암 혜언 전법선사

'연꽃이 나왔다' 하여 보인 큰 도리를　　　示出蓮之大道理
다시 또 뜰 밑 나무 가리켜 보여서　　　　復亦指示庭下樹
후일의 크고 큰일 그대에게 부촉하니　　　後日大事與咐囑
잘 지녀 보림하여 끊어짐 없게 하라　　　保任善持無斷絶

제73조　영월 봉율 전법선사

사느니 죽느니 이 무슨 말들인고　　　　生也死也是何言
물밭엔 연꽃이고 하늘엔 해일세　　　　水田蓮花在天日
가없이 이러-해서 감출 수 없이 드러남　無邊無藏露如是
오늘 네게 분부하니 끊어짐 없게 하라　今日分付無斷絶

제74조　만화 보선 전법선사

봄산과 뜬구름을 동시에 보아라　　　　春山浮雲觀同時
중생들의 이익될 바 그 가운데 있느니라　普益衆生在其中
이 가운데 도리를 이제 네게 부촉하니　　此中道理今付汝
계승해 끊임없이 번성케 할지어다　　　繼承無斷爲繁盛

제75조　경허 성우 전법선사

하늘의 뜬구름이 누설한 그 도리를　　　浮雲漏泄其道理
오늘날 선자에게 부촉하여 주노니　　　今日咐囑與禪子
철저하게 보림하여 모범을 보임으로　　保任徹底示模範
후세에 끊어짐이 없게 할 맘, 지니게나　後世無斷爲持心

제76조   만공 월면 전법선사

구름과 달, 산과 계곡이라, 곳곳에서 같음이여	雲月溪山處處同
선가의 나의 제자 수산의 큰 가풍일세	叟山禪子大家風
은근히 무문인을 그대에게 분부하니	慇懃分付無文印
이 기틀의 방편이 활안 중에 있노라	一段機權活眼中

제77조   전강 영신 전법선사

불조도 전한 바 없어서	佛祖未曾傳
나 또한 얻은 바 없음을…	我亦無所得
가을빛 저물어 가는 날에	此日秋色暮
뒷산의 원숭이가 울고 있네	猿嘯在後峰

제78대   농선 대원 전법선사

부처와 조사도 일찍이 전한 것이 아니거늘	佛祖未曾傳
나 또한 어찌 받았다 하며 준다 할 것인가	我亦何受授
이 법이 2천년대에 이르러서	此法二千年
널리 천하 사람을 제도하리라	廣度天下人

부처님으로부터 직계로 내려온 불조정맥 제78대 농선 대원 선사님

농선 대원 전법선사의 3대 서원

오로지 정법만을 깨닫기 서원합니다.
입을 열면 정법만을 설하기 서원합니다.
중생이 다하는 그날까지 교화하기 서원합니다.

성불사 국제정맥선원 대웅전

성불사 국제정맥선원은

농선 대원 선사님께서 주석하시는 곳으로

대원 선사님의 지도하에 비구스님들이

직접 지은 도량이다.

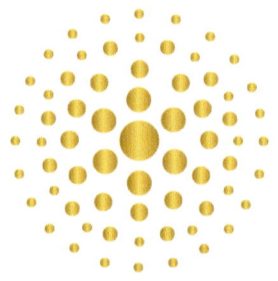

불교 8대 선언문

불교는 자신에게서 영생을 발견하게 한 유일한 종교이다.
불교는 자신에게서 모든 지혜를 발견하게 한 유일한 종교이다.
불교는 자신에게서 모든 능력을 발견하게 한 유일한 종교이다.
불교는 자신에게서 모든 것을 이루게 한 유일한 종교이다.
불교는 자신에게서 극락을 발견하게 한 유일한 종교이다.
불교는 깨달으면 차별 없어 평등하다는 유일한 종교이다.
불교는 모든 억압 없이 자신감을 갖게 한 유일한 종교이다.
불교는 그러므로 온 누리에 영원할 만인의 종교이다.

농선 대원 전법선사 주창

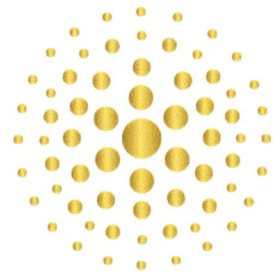

전세계의 불교계에서 통일시켜야 할 일

경전의 말씀대로 32상과 80종호를 갖춘 불상으로 통일해야 한다.

예불 드리는 법을 통일해야 한다.

불공의식을 통일해야 한다.

농선 대원 전법선사 수창

농선 대원 선사의 전등록 발간의 의의

　선문(禪文)이란 말 밖의 말로 마음을 바로 가리켜 깨닫게 하여 그 깨달은 마음 바탕에서 닦아 불지(佛地)에 이르게 하는 문(門)이다. 그러기에 지식이나 알음알이로는 헤아려 알 수 없는 것이어서 깨달아 증득하여 일체종지(一切種智)를 이룬 이가 아니고는 그 요지를 바로 보아 이끌어 줄 수 없다.

　지금 불교의 현실이 대본산 강원조차 이런 안목으로 이끌어 주는 선지식이 없어서 선종(禪宗) 최고의 공안집인 '전등록', '선문염송' 강의가 모두 폐강된 상황이다.
　이에 대원 선사님께서는 불조(佛祖)의 요지가 말이나 글에 떨어져 생사해탈의 길이 단절되는 것을 염려하여 깨달음의 법을 선리(禪理)에 맞게 바로 잡는 역경 작업에 혼신을 다하고 계신다.

　대원 선사님께서는 19세에 선운사 도솔암에서 활연대오한 후, 대선지식과의 법거량에서 한 치의 주저함도 없이 명쾌하게 응대하시니 당시 12대 선지식들께서 탄복해 마지않으셨다. 경봉 선사님과 조계종 지혜제일 전강 선사님과의 문답만을 보더라도 취모검과 같은 대원 선사님의 선지를 엿볼 수 있다.

맨 처음 통도사 경봉 선사님을 찾아뵈었을 때, 마침 늦가을 감나무에서 감을 따고 계신 경봉 선사님을 보자 감나무 주위를 한 번 돌고 서 있으니, 경봉 선사님께서 물으셨다.

"어디서 왔는가?"
"호남에서 왔습니다."
"무엇을 공부했는가?"
"선을 공부했습니다."
"무엇이 선이냐?"
"감이 붉습니다."
"네가 불법을 아는가?"
"알면 불법이 아닙니다."

위의 문답이 있은 후 경봉 선사님께서는 해제 법문을 대원 선사님께 맡기셨으나 대원 선사님께서는 아직 그럴 때가 아니라 여겨져 그 이튿날인 해제일 새벽 직전에 통도사를 떠나와 버리셨다.

또 광주 동광사에서 처음 전강 선사님을 뵈었을 때, 20대 초면의 젊은 승려인 대원 선사님께 전강 선사님께서 대뜸 '달마불식 도리'를 일러보라 하셨다. 대원 선사님께서 아무 말없이 다가가 전강 선사님의 목에 있는 점 위의 털을 뽑아 버리고 종무소로 가니, 전강 선사님께서 "여기 사람 죽이는 놈이 있다."하며 종무소까지 따라오다 방장실로 돌아가셨다.

그 이후 대원 선사님께서 군산 은적사에서 전강 선사님을 시봉하며 모시고 계실 때, 전강 선사님께서 또 물으셨다.

"공적의 영지를 일러라."

"이러-히 스님과 대담합니다."

"영지의 공적을 일러라."

"스님과 대담에 이러-합니다."

"이러-한 경지를 일러라."

"명왕은 어상을 내리지 않고 천하일에 밝습니다."

대원 선사님의 답에 전강 선사님께서는 희색이 만면해서 고개를 끄덕이며 당신 처소로 돌아가셨다.

이에 그치지 않고 전강 선사님께서 대구 동화사 조실로 계실 때, 대원 선사님께 말씀하셨다.

"대중들이 자네를 산으로 불러내어 그 중에 법성(조계종 종정 진제 스님)이 달마불식 도리를 일러보라 했을 때 '드러났다'라고 답했다는데, 만약에 자네가 양무제였다면 '모르오'라고 이르고 있는 달마 대사에게 어떻게 했겠는가?"

"제가 양무제였다면 '성인이라 함도 설 수 없으나 이러-히 짐의 덕화와 함께 어우러짐이 더욱 좋지 않겠습니까?'하며 달마 대사의 손을 잡아 일으켰을 것입니다."

그러자 전강 선사님께서 탄복하며 말씀하셨다.

"어느새 그 경지에 이르렀는가?"

"이르렀다곤들 어찌하며 갖추었다곤들 어찌하며 본래라곤들 어찌하리까? 오직 이러-할 뿐인데 말입니다."
대원 선사님의 대답에 전강 선사님께서 크게 기뻐하셨다.

이와 같이 대원 선사님께서는 20대 초반에 이미 어떤 선지식의 물음에도 전광석화와 같이 답하셨으며 그 법을 씀이 새의 길처럼 흔적 없는 가운데 자유자재하셨다.

깨달음의 방편에 있어서는 육조 대사께서 마주 앉은 자리에서 사람들을 깨닫게 하셨듯이, 제자들을 제접해 직지인심(直指人心)으로 스스로의 마음에 사무쳐 들게 하여 근기에 따라 보림해 갈 수 있도록 이끌어주시니, 꺼져가는 정법의 기치를 바로 일으켜 세움이라 하겠다.
또한 선지식이라면 이변(理邊)에서 뿐만이 아니라 사변(事邊)에서도 먼 안목으로 인류가 무엇을 어떻게 대비하며 살아가야 할지를 예언하고 이끌어 주어야 한다고 하셨다.
그래서 1962년부터 주창하시기를, 전 세계가 21세기를 '사막 경영의 시대'로 삼아 사막화된 지역에 '사막 해수로 사업'을 하여 원하는 지역의 기후를 조절해야 하고, 자원을 소모하는 발전소 대신 파도, 태양열, 풍력 등의 대체 에너지와 무한 원동기를 개발해야 한다고 하셨다. 또, 도로를 발전소화하여 전기를 생산하는 방법 등을 구체적으로 제안하시고, 천재지변을 대비하여 각자의 집에서 농사를 짓는 '울안의 농법'을 연구하시는 등 만인이 더 나은 삶을 살 수 있는 길을 끊임없이 일러 주고 계신다.

 이와 같이 대원 선사님께서는 일체종지를 이룬 지혜로, '참나를 깨달아 마음이 내가 된 삶'을 위한 깨달음의 법으로부터 닥쳐오는 재난을 막고 지구를 가장 살기 좋은 세상으로 만드는 방편까지 늘 그 방향을 제시하고 계신다.

 한편, 불교의 최고 경전인 '화엄경 81권'을 완간하여 불보살님의 불가사의한 화엄세계를 열어 보이셨으며, 선문 최대의 공안집인 '선문염송 30권' 1,463칙에 대하여 석가모니 부처님 이래 최초로 전 공안을 맑은 물 밑바닥 보듯이 회통쳐 출간하셨다.
 이제 대원 선사님께서는 7불과 역대 조사들의 깨달음의 진수가 담긴 '전등록 30권'을 그런 혜안(慧眼)으로 조사마다 선리의 토끼뿔을 더해 닦아 증득할 수 있도록 밝혀 보이셨다. 그리하여 생사윤회길을 헤매는 중생들에게 해탈의 등불이 되고자 하셨으며, 불조(佛祖)의 정법이 후세에까지 끊어지지 않게 하여 부처님 은혜에 보답하고자 하셨다.
 부처님 가신 지 오래 되어 정법은 약하고 삿된 법이 만연한 지금, 중생이 다하는 날까지 중생을 구제하기 서원하는 대원 선사님과 같은 명안종사(明眼宗師)가 계심은 불보살님의 자비광명이 이 땅에 두루한 은덕이라 하겠다.

바로보인 불법 ㊸

전傳
등燈
록錄

25

도서출판 문젠(구. 바로보인)은 정맥선원에서 운영하고 있습니다.

* 인제산(人濟山) 성불사(成佛寺) 국제정맥선원
  경기도 포천시 내촌면 소리개길 86-178 ☎ 031-531-8805
* 인제산(人濟山) 이문절 포천정맥선원
  경기도 포천시 내촌면 소리개길 86-123 ☎ 031-531-2533
* 백양산(白楊山) 자모사(慈母寺) 부산정맥선원
  부산시 동래구 아시아드대로 114번길 10 대륙코리아나 2층 212호 ☎ 051-503-6460
* 자모산(慈母山) 육조사(六祖寺) 청도정맥선원
  경북 청도군 매전면 동산리 산 50 ☎ 010-4543-2460
* 광암산(光巖山) 성도사(成道寺) 광주정맥선원
  광주광역시 광산구 삼도광암길 34 ☎ 062-944-4088
* 대통산(大通山) 대통사(大通寺) 해남정맥선원
  전남 해남군 화산면 송계길 132-98 중정마을 ☎ 061-536-6366

바로보인 불법 ㊸
전 등 록 25

초판 1쇄 펴낸날 단기 4354년, 불기 3048년, 서기 2021년 12월 30일

역　　저　농선 대원 선사
펴　낸　곳　도서출판 문젠(Moonzen Press)
　　　　　　11192, 경기도 포천시 내촌면 소리개길 86-178
　　　　　　전화 031-534-3373 팩스 031-533-3387
신고번호　2010.11.24. 제2010-000004호

편집윤문출판　법심 최주희, 법운 정숙경
인디자인 전자출판　지일 박한재
한문원문대조　불장 곽병원
표　지　글　씨　춘성 박선옥
인　　　쇄　북크림

도서출판문젠 www.moonzenpress.com
정 맥 선 원 www.zenparadise.com
사막화방지국제연대(IUPD) www.iupd.org

ⓒ 문재현, 2021. Printed in Seoul, Republic of Korea
값 15,000원
ISBN 978-89-6870-625-7
ISBN 978-89-6870-600-4 04220(전30권)

 서 문

　전등록은 말 없는 말이며 말 밖의 말이라서 학식이나 재치만으로는 번역이 실로 불가능한 일이다. 그러기에 육조단경(六祖壇經)을 보면 법화경을 삼천 번이나 독송한 법달(法達)은 글 한 자 모르시는 육조(六祖)께 경의 뜻을 물었고, 글을 모르시는 육조께서는 법화경의 바른 뜻을 설파하셔서 법달을 깨닫게 하신 것이다.
　그런데 하루는 본인에게 법을 물으러 다니시던 부산의 목원 하상욱 본연님이 오셔서 시중에 나온 전등록 번역본 두세 가지를 보이시며 범인인 당신에게도 부처님과 조사님들의 본래 뜻에 맞지 않는 대문이 군데군데 눈에 뜨인다며 바른 의역의 필요성을 절감한다고 하셨다. 그 후로 전등록 번역을 바로 해주십사 하는 간청이 지극하여 비록 단문하나 이 일을 시작하게 되었다.
　부처님과 조사님들의 근본 뜻에 어긋남이 없게 하기 위해 노력하였으나 약속한 기간 내에 해내기란 실로 벅찬 일이어서 혹시 미비한 점이 없지 않으리니 강호 제현의 좋은 지적이 있기를 바란다.

불법(佛法)이란 본자연(本自然)이라 누가 설(說)하고 누가 듣고 배울 자리요만 그렇지 못한 이가 또한 있어서 부처님과 조사님들의 허물이 생기는 것이다.

어떤 것이 부처인고?
화분의 빨간 장미니라.

이 가운데 남전(南泉) 뜰꽃 도리(道理)며 한산(寒山) 습득(拾得)의 웃음을 누릴진저.

단기(檀紀) 4354년
불기(佛紀) 3048년
서기(西紀) 2021년

무등산인 농선 대원 분향근서
(無等山人 弄禪 大圓 焚香謹書)

양억(楊億)의 경덕전등록 서문

석가모니께서 일찍이 연등 부처님의 수기를 받아, 현겁(賢劫)의 보처(補處)가 되어 이 땅에 탄강하시고 법을 펴서 교화하시기가 49년이었으니 방편과 진리, 돈오(頓悟)와 점수(漸修)의 문호를 여시고, 헤아릴 수 없이 많은 다양한 교법을 내려 주셨다.

근기(根機)에 따라 진리를 깨닫게 하신 데서 삼승(三乘)의 차별이 생겼으니, 사물에 접하는 대로 중생을 이롭게 하여 한량없는 중생을 제도하셨다. 그 자비는 넓고 컸으며 그 법식(法式)은 두루 갖추어져 있었다.

쌍림(雙林)에서 열반에 드실 때 가섭(迦葉)에게만 유촉하신 것이 차츰차츰 전하여 달마에 이르러서 비로소 문자를 세우지 않고 마음의 근원을 곧바로 보이게 되었으니, 차례를 밟지 않고 당장에 부처의 경지에 오르게 되어 다섯 잎[1]이 비로소 무성하고 천 개의 등불[2]이 더욱 찬란하여서, 보배 있는 곳에 이른 이는 더욱 많고, 법의 바퀴를 굴린 이도 하나가 아니었다.

부처님께서 부촉하신 종지와 정법안장(正法眼藏)이 유통되는 도리는 교리 밖에서 따로 행해지는 불가사의(不可思議)한 것이다.

태조(太祖)께서 거룩하신 무력으로 전란을 진압하신 뒤에 사찰을 숭상하여 제도의 문을 활짝 여셨고, 태종(太宗)께서 밝으신 변재로 비밀한 법을 찬술하시어 참된 이치를 높이셨으며, 황상(皇上)[3]께서 높으신 학덕으로 조사의 뜻을 이어 거룩한 가르침에 머릿말을 쓰셔 종풍(宗風)을 잇게 하시니, 구름 같은 문장이 신라의 하늘에 빛나고, 부처의 황금같은 설법

---

1) 다섯 잎 : 중국 선종의 2조 혜가로부터 6조 혜능에 이르는 다섯 조사를 말한다.
2) 천 개의 등불 : 중국에 선법(禪法)이 전해진 이후 등장한 수많은 견성도인들을 말한다.
3) 황상(皇上) : 송의 진종(眞宗)을 밀힌다.

이 깨달음의 동산에 펼쳐졌다.

대장경의 말씀에 비밀히 계합하고, 인도로부터의 법맥이 번창하니, 뭇 선행을 늘리는 이가 더욱 많아졌고, 요의(了義)⁴⁾를 전하는 사람들이 간간이 나타나서 원돈(圓頓)의 교화가 이 지역에 퍼졌다.

이에 동오(東吳)의 승려인 도원(道原)이 선열(禪悅)의 경지에 마음을 모으고, 불법의 진리를 샅샅이 찾으며, 여러 세대의 조사 법맥을 찾고, 제방의 어록(語錄)을 모아 그 근원과 법맥에 차례를 달고, 말씀들을 차례차례 엮되, 과거 7불로부터 대법안(大法眼)의 문도에 이르기까지 무릇 52세대, 1,701인을 수록하여 30권으로 만들어 경덕전등록이라 하여 대궐로 가지고 와서 유포해 주기를 청하였다.

황상께서는 불법을 밖으로부터 보호하고자 하시고, 승려들의 부지런함을 가상히 여겨 마음가짐을 신중히 하고 생각을 원대히 하여 좌사간(左司諫) 지제고(知制誥) 양억(楊億)과 병부원외랑(兵部員外郞) 지제고(知制誥) 이유(李維)와 태상승(太常丞) 왕서(王曙) 등을 불러 교정케 하시니, 신(臣) 등은 우매하여 삼학(三學)⁵⁾의 근본 뜻을 모르고 5성(五性)⁶⁾의 방편에 어두우며, 훌륭한 번역 솜씨도 없고, 비야리 성에서 보인 유마 거사의 묵연(默然) 도리⁷⁾에도 둔하건만 공손히 지엄하신 하명(下命)을 받들어 감히 끝내 사양하지 못하였다.

그 저술된 내용을 두루 살펴보면 대체로 진공(眞空)⁸⁾으로써 근본을 삼고 있으며, 옛 성인께서 도에 들던 인연을 서술할 때나 옛 사람이 진리를 깨달은 이야기를 표현할 때엔 근기와 인연의 계합함이 마치 활쏘기와 칼쓰

---

4) 요의(了義) : 일을 다 마친 도리. 깨달아서 깨달음마저 두지 않는 경지를 말한다.
5) 삼학(三學) : 계(戒), 정(定), 혜(慧).
6) 5성(五性) : 법상종의 용어. 일체중생의 근기를 다섯 성품으로 나누어서 성불할 근기와 성불하지 못할 근기로 나누었다.
7) 유마 거사의 묵연 도리 : 유마 거사가 비야리성에서 그를 문병하러 온 문수보살과 법담을 할 때 잠자코 말이 없음으로 불이(不二)의 도리를 드러내 보인 일을 말한다.
8) 진공(眞空) : 색(色)이니 공(空)이니를 초월해서 누리는 경지.

기가 알맞는 것 같아 지혜가 갖추어진 데서 광명을 내어, 채찍 그림자만 보고도 달리는 말과 같은 상근기자(上根機者)들에게 널리 도움이 되고 있다.

후학(後學)들을 인도함에는 현묘한 진리를 드날리고 있고, 다른 이야기를 가져올 때에는 출처를 밝히고 있으며, 다듬어지지 않은 부분도 많으나 훌륭한 부분도 찾아볼 수 있었다. 모든 대사들이 대중에게 도리를 보일 때에 한결같은 소리로 펼쳐 보이고 있으니 영특한 이가 귀를 기울여 듣는다면 무수한 성인들이 증명한다 할 것이다. 개괄해서 들추어도 그것이 바탕이어서 한군데만 취해도 그대로가 옳다.

만일 별달리 더 붓을 댄다면 그 돌아갈 뜻을 잃을 것이다. 중국과 인도에서의 말이 이미 다르지 않은데 자칫하면 구슬에다 무늬를 새기려다 보배에 흠집을 낼 우려가 있기에, 이런 종류는 모두 그대로 두었다. 더욱이 일은 실제로 행한 것만을 취해 기록하여 틀림없이 잘 서술했으나 말이란 오래도록 남아 전해지는 까닭에 전혀 문장을 다듬지 않을 수는 없었다.

어떤 사연을 기록할 때엔 그 자취를 자세히 하였고 말이 복잡해지거나 이야기가 저속한 것이 있으면 모두 삭제하되 문맥이 통하게 하였다.

유교(儒教)의 대신이나 거사(居士)의 문답에 이르러 벼슬자리와 성씨가 드러난 이는 연대와 역사에 비추어 잘못을 밝히고, 사적(史籍)에 따라 틀린 점을 바로잡아 믿을 만한 전기가 되게 하였다.

만일 바늘을 던져 맞추듯 한 치의 어긋남 없이 도리를 밝히는 일이 아니거나, 번갯불이 치듯 빠른 기틀을 내보이는 일이 아니거나, 묘하게 밝은 참 마음을 보이는 일이 아니거나, 고(苦)와 공(空)의 깊은 이치를 조사(祖師)의 뜻 그대로 기술(記述)하는 일이 아니라면, 어떻게 등불을 전한다는 전등(傳燈)이라는 비유에 계합(契合)하는 그 극신한 공덕을 베풀 수 있었겠는가?

만일 감응(感應)한 징조만을 서술하거나 참문하고 행각한 자취만을 기록한다 할 것 같으면 이는 이미 승사(僧史)에 밝혀져 있는 것이니, 어째서 선가(禪家)의 말씀을 굳이 취하겠는가? 세대와 계보의 명칭을 남긴 것만이 아니라 스승과 제자가 이어지는 근거를 널리 기록하였다.

그러나 옛날 책에 실린 것을 보면 잘 다듬어지지 않은 내용을 수록하고 잘 다듬어진 것은 버린 일이 있는데, 다른 기록에 남아 있으면 해당하는 문장을 찾아 보완하고, 더욱 널리 찾아서 덧붙이기도 하였다. 또한 서문과 논설에 이르러 혹 옛 조사(祖師)의 문장이 아닌 것이 사이사이 섞이어 공연히 군소리가 되었으면 모두 간추려서 다 깎아버렸으니, 이같이 하여 1년 만에 일이 끝났다.

저희 신(臣)들은 성품과 식견이 우둔하고, 학문이 넓지 못하고, 기틀이 본래 얕고, 문장력은 부족하여 묘한 도리가 사람에게 달렸다고는 하나 마음에서 떠난 지 오래되고 깊은 진리를 나타내는 말이 세속에서 단절되어, 담벽을 마주한 듯 갑갑하게 지낸 적이 많았다. 과분하게도 추천해 주시는 은혜를 받았으나 아무 힘도 발휘하지 못했다. 편찬하는 일이 이미 끝났으므로 이를 임금님께 바친다. 그러나 임금님의 뜻에 맞지 않아, 임금님께서 거룩히 살펴보시는 데에 공연히 누만 끼치는 것이 아닌가 한다. 삼가 바친다.

한림학사조산대부행좌사간지제고동
수국사판사관사주국남양군개국후식읍
1천백호사자금어대신 양억 지음

景德傳燈錄序 昔釋迦文。以受然燈之夙記當賢劫之次補。降神演化四十九年。開權實頓漸之門。垂半滿偏圓之教。隨機悟理。爰有三乘之差。接物利生。乃度無邊之眾。其悲濟廣大矣。其軌式備具矣。而雙林入滅。獨顧於飲光。屈眴相傳。首從於達磨。不立文字直指心源。不踐楷梯徑登佛地。逮五葉而始盛。分千燈而益繁。達寶所者蓋多。轉法輪者非一。蓋大雄付囑之旨。正眼流通之道。教外別行不可思議者也。
　聖宋啟運人靈幽贊。太祖以神武戡亂。而崇淨刹。闢度門。太宗以欽明禦辯。而述祕詮。暢真諦。皇上睿文繼志而序聖教繹宗風。煥雲章於義天。振金聲於覺苑。蓮藏之言密契。竺乾之緒克昌。殖眾善者滋多。傳了義者間出。圓頓之化流於區域。有東吳僧道原者。冥心禪悅。索隱空宗。披弈世之祖圖。采諸方之語錄。次序其源派。錯綜其辭句。由七佛以至大法眼之嗣。凡五十二世。一千七百一人。成三十卷。目之曰景德傳燈錄。詣闕奉進冀於流布。
　皇上為佛法之外護。嘉釋子之勤業。載懷重慎。思致悠久。乃詔翰林學士左司諫知制誥臣楊億。兵部員外郎知制誥臣李維。太常丞臣王曙等。同加刊削。俾之裁定。臣等昧三學之旨迷五性之方。乏臨川翻譯之能。慚毘邪語默之要。恭承嚴命。不敢牢讓。竊用探索匪遑寧居。考其論譔之意。蓋以真空為本。將以述曩聖入道之因。標昔人契理之說。機緣交激。若拄於箭鋒。智藏發光。旁資於鞭影。
　誘道後學。敷暢玄猷。而捃摭之來。徵引所出。糟粕多在。油素可尋。其有大士。示徒。以一音而開演。含靈聳聽。乃千聖之證明。屬概舉之是資。取少分而斯可。若乃別加潤色失其指歸。既非華竺之殊言。頗近錯雕之傷寶。如此之類悉仍其舊。況又事資紀實。必由於善敘。言以行遠。非可以無文。其有標錄事緣。纓詳軌跡。或辭條之紛糾。或言荃之猥俗。並從刊削。俾之編貫。
　至有儒臣居士之問答。爵位姓氏之著明。校歲歷以愆殊。約史籍而差謬。鹹用刪去。以資傳信。自非啟投針之玄趣。馳激電之迅機。開示妙明之真心。祖述苦空之深理。即何以契傳燈之喻。施刮膜之功。若乃但述感應之徵符。專敘參遊之轍跡。此已標於僧史。亦奚取於禪詮。聊存世系之名。庶紀師承之自然而舊錄所載。或撥粗而遺精。別集具存。當尋文而補闕。率加采擷。爰從附益。逮於序論之作。或非古德之文。問廁編聯徒增楦釀（楦釀二字出唐張燕公文集。謂冗長也）亦用簡別多所屏去。汔茲周歲方遂終篇。臣等性識媿於冥煩。學問慚於涉獵。天機素淺。文力無餘。妙道在人。雖刻心而斯久。玄言絕俗。固牆面以居多。濫膺推擇之私。靡著發揮之效。已兌終於紬繹。將仰奉於清間。莫副宸襟空塵睿覽。謹上。

　　　　　　　　翰林學士朝散大夫行左司諫知制誥同
　　　　　　　　修國史判史館事柱國南陽郡開國侯食邑
　　　　　　　　一千百戶賜紫金魚袋臣楊億 撰

승려 희위(希渭)의 경덕전등록 재발간사

　호주로(湖州路) 도량산(道場山) 호성만세선사(護聖萬歲禪寺)의 늙은 중 희위(希渭)는 본관이 경원로(慶元路) 창국주(昌國州)이며 성은 동(董)씨다.
　어릴 때부터 고향의 성에 있는 관음선사(觀音禪寺)에 가서 절조(絶照) 화상을 스승으로 삼았고, 법명(法名)을 받게 되어 자계현(慈溪懸) 개수(開壽)의 보광선사(普光禪寺)에 가서 용원(龍源) 화상에 의해 머리를 깎고 중이 되었다.
　그대로 오대율사(五臺律寺)로 가서 설애(雪涯) 화상에게 구족계를 받은 뒤에 짐을 꾸려 서쪽으로 향해 행각을 떠나 수행을 하다가 나중에 다시 은사이신 용원 화상을 만나 이 산으로 옮겨 왔다.
　스승을 따라 배움에 참여하고 이로움을 구한 지 벌써 여러 해가 되었다. 항상 스승의 은혜를 생각하면서도 갚을 기회가 없었다. 그런데 삼가 윗대로부터의 부처와 조사들을 수록한 경덕전등록 30권을 보니 7불로부터 법안(法眼)의 법사(法嗣)에 이르기까지 전부 52세대(世代)인데, 경덕(景德)에서 연우(延祐) 병진년에 이르기까지 317년이나 지나서 옛 판본이 다 썩어버려 남아있지 않기 때문에 후학들이 보고 싶어도 볼 수가 없었다. 이에 발심하여 다시 간행한다.
　홀연히 내 고향에 있는 천성선사(天聖禪寺)의 송려(松廬) 화상이 소장하고 있던, 여산(廬山)의 은암(隱庵)에서 찍은 옛 책이 가장 보존이 잘 된 상태로 입수되었는데, 아주 내 마음에 들었다. 마침내 병진(丙辰)년 정월 10일에 의발 등속을 모두 팔아 1만 2천여 냥을 얻었다. 그날 당장에 공인(工人)에게 간행할 것을 명하여 조사의 도리가 세상에 유포되게 하였다. 이 책은 모두 36만 7천 9백 17자이다. 그해 음력 12월 1일에야 공인의 작업이 끝났다.

당장에 300부를 인쇄하여 전당강(錢塘江) 남북지역과 안중(安衆)지역[9]의 여러 명산(名山)의 방장(方丈)[10]과 몽당(蒙堂)[11]과 여러 요사(寮舍)[12]에 한 부씩을 비치케 하여 온 세상의 도를 분변(分辨)하는 참선납자(參禪衲子)들이 참구하기에 편하도록 하였다. 이를 잘 이용하여 사은(四恩)[13]을 갚고 아울러 삼유(三有)의 중생[14]에게도 도움이 되기 바란다.

대원(大元) 연우(延祐) 3년[15] 음력 12월 1일
늙은 중 희위(希渭)가 삼가 쓰고
젊은 비구 문아(文雅)가 간행을 감독하고
주지 비구 사순(士洵)이 간행하다.

---

9) 두 지역은 희위 스님의 고향인 호주(湖州)와 비교적 인접한 지역들이다.
10) 방장(方丈) : 절의 주지가 거처하는 방. 지금은 견성한 이가 아니더라도 주지를 맡고 있으나 그 당시에는 견성한 도인이라야 그 절의 주지를 맡았다. 따라서 방장에는 대체로 법이 높은 스님이 기거하는 경우가 대부분이었다.
11) 몽당(蒙堂) : 승사(僧寺)의 일에서 물러난 사람이 거처하는 방.
12) 요사(寮舍) : 절에서 대중이 숙식하는 방.
13) 사은(四恩) : 보시(布施), 자애(慈愛), 화도(化導), 공환(共歡)의 네가지 시은(施恩), 또는 부모(父母), 중생(衆生), 국왕(國王), 삼보(三寶)의 네가지 지은(知恩).
14) 삼유(三有)의 중생 : 욕계(慾界), 색계(色界), 무색계(無色界)의 삼계(三界)를 유전하는 미혹한 중생.
15) 서기 1316년.

차 례

서 문 35
양억(楊億)의 경덕전등록 서문 37
승려 희위(希渭)의 경덕전등록 재발간사 42
일러두기 48
25권 법계보 49

청원(靑原) 행사(行思) 선사의 9세 법손(法孫) 51

길주(吉州) 청원산(靑原山) 행사(行思) 선사의 제9세
금릉(金陵) 승주(昇州) 청량(淸凉) 문익(文益) 선사의 법손 53
    천태산(天台山) 덕소(德韶) 국사 53
    항주(杭州) 보은사(報恩寺) 혜명(慧明) 선사 101
    장주(漳州) 나한(羅漢) 선법(宣法) 지의(智依) 대사 110

금릉(金陵) 종산(鍾山) 장의(章義) 도흠(道欽) 선사　116
금릉(金陵) 보은(報恩) 광일(匡逸) 선사　122
금릉(金陵) 보자도량(報慈道場) 문수(文遂) 도사　127
장주(漳州) 나한원(羅漢院) 수인(守仁) 선사　135
항주(杭州) 영명사(永明寺) 도잠(道潛) 선사　143
무주(撫州) 황산(黃山) 양광(良匡) 선사　152
항주(杭州) 영은산(靈隱山) 청용(清聳) 선사　156
금릉(金陵) 보은원(報恩院) 현칙(玄則) 선사　163
금릉(金陵) 보자도량(報慈道場) 현각(玄覺) 행언(行言) 도사　171
금릉(金陵) 정덕도량(淨德道場) 달관(達觀) 지균(智筠) 선사　177
고려(高麗) 도봉산(道峯山) 혜거(慧炬) 국사　184
금릉(金陵) 청량(清凉) 법등(法燈) 태흠(泰欽) 선사　186
항주(杭州) 진신보탑사(眞身寶塔寺) 소암(紹巖) 선사　202
금릉(金陵) 보은원(報恩院) 법안(法安) 혜제(慧濟) 선사　207
무주(撫州) 숭수원(崇壽院) 계조(契稠) 선사　213
홍주(洪州) 운거산(雲居山) 진여원(眞如院) 청석(清錫) 선사　217
홍주(洪州) 백장산(百丈山) 대지원(大智院) 도상(道常) 선사　221
천태산(天台山) 반야사(般若寺) 통혜(通慧) 경준(敬遵) 선사　228
여산(廬山) 귀종사(歸宗寺) 법시(法施) 책진(策眞) 선사　232
홍주(洪州) 봉서산(鳳棲山) 동안원(同安院) 소현(紹顯) 선사　237
강주(江州) 여산(廬山) 서현사(棲賢寺) 혜원(慧圓) 선사　240
홍주(洪州) 관음원(觀音院) 종현(從顯) 선사　244
여주(廬州) 장안원(長安院) 연규(延規) 선사　249
상주(常州) 정근원(正勤院) 희봉(希奉) 선사　251

낙경(洛京) 홍선(興善) 서륜(棲倫) 선사 257
홍주(洪州) 무녕(武寧) 엄양(嚴陽) 신흥(新興) 제(齊) 선사 260
윤주(潤州) 자운(慈雲) 광달(匡達) 선사 263

색인표 265

부록1 농선 대원 선사님 인가 내력 275
부록2 농선 대원 선사님 법어 283
부록3 21세기에 인류가 해야 할 일 313
부록4 가슴으로 부르는 불심의 노래 317

일러두기

1. 대만에서 펴낸 『경덕전등록(景德傳燈錄)』(宋釋道原 編, 新文豐出版公司, 民國 75년, 1986년)에 의거해서 번역했으며 누락된 부분 없이 완역하였다.
2. 농선 대원 선사가 각 선사장마다 선리의 토끼뿔을 더하여 닦아 증득하는 데 도움이 되도록 하였다.
3. 뜻이 통하지 않는데도 오자가 아닐 때는 옛 한문 사전에서 그 조사 당시에 그 글자가 어떻게 쓰였는가를 찾아 번역하였다. 예를 들어 '還'자가 돌아올 '환'으로가 아니라 영위할 '영'으로 쓰여 뜻이 통한 경우에는 '영위하다' '누리다'로 의역하였다.
4. 선사들의 생몰연대는 여러 기록된 내용이 일치하지 않거나 미상으로 되어 있는 바가 많아, 각 선사 당시의 나라와 왕의 연대, 불교의 상황 등을 역사학자들이 전문적으로 연구하여 밝혀야 할 부분이 있기에, 이 책에서는 여러 자료와 연구 결과가 일치된 내용만을 주에서 표기하였다.
5. 첨가한 주의 내용은 불교에 대한 지식이 없는 이들도 선문답을 참구해 가는데 도움이 되도록 간략하게 달았으며, 주의 내용에 따라서는 사전적인 뜻보다는 선리(禪理)로서 그 뜻을 밝혀 마음에 비추어 참구할 수 있도록 하였다.

25권 법계보

길주(吉州) 청원산(靑原山) 행사(行思) 선사의 제9세 75인 중 30인

금릉(金陵) 청량(淸凉) 문익(文益) 선사의 법손 63인 중 30인
- 천태산(天台山) 덕소(德韶) 국사
- 항주(杭州) 보은사(報恩寺) 혜명(慧明) 선사
- 장주(漳州) 나한(羅漢) 선법(宣法) 지의(智依) 대사
- 금릉(金陵) 종산(鍾山) 장의(章義) 도흠(道欽) 선사
- 금릉(金陵) 보은(報恩) 광일(匡逸) 선사
- 금릉(金陵) 보자도량(報慈道場) 문수(文邃) 선사
- 장주(漳州) 나한원(羅漢院) 수인(守仁) 선사
- 항주(杭州) 영명사(永明寺) 도잠(道潛) 선사
- 무주(撫州) 황산(黃山) 양광(良匡) 선사
- 항주(杭州) 영은산(靈隱山) 청용(淸聳) 선사
- 금릉(金陵) 보은원(報恩院) 현칙(玄則) 선사
- 금릉(金陵) 보자도량(報慈道場) 현각(玄覺) 행언(行言) 도사
- 금릉(金陵) 정덕도량(淨德道場) 달관(達觀) 지균(智筠) 선사
- 고려(高麗) 도봉산(道峯山) 혜거(慧炬) 국사
- 금릉(金陵) 청량(淸凉) 법등(法燈) 태흠(泰欽) 선사
- 항주(杭州) 진신보탑사(眞身寶塔寺) 소암(紹巖) 선사
- 금릉(金陵) 보은원(報恩院) 법안(法安) 혜제(慧濟) 선사

25권 법계보

- 무주(撫州) 숭수원(崇壽院) 계조(契稠) 선사
- 홍주(洪州) 운거산(雲居山) 진여원(眞如院) 청석(淸錫) 선사
- 홍주(洪州) 백장산(百丈山) 대지원(大智院) 도상(道常) 선사
- 천태산(天台山) 반야사(般若寺) 통혜(通慧) 경준(敬遵) 선사
- 여산(廬山) 귀종사(歸宗寺) 법시(法施) 책진(策眞) 선사
- 홍주(洪州) 봉서산(鳳棲山) 동안원(同安院) 소현(紹顯) 선사
- 강주(江州) 여산(廬山) 서현사(棲賢寺) 혜원(慧圓) 선사
- 홍주(洪州) 관음원(觀音院) 종현(從顯) 선사
- 여주(廬州) 장안원(長安院) 연규(延規) 선사
- 상주(常州) 정근원(正勤院) 희봉(希奉) 선사
- 낙경(洛京) 홍선(興善) 서륜(棲倫) 선사
- 홍주(洪州) 무녕(武寧) 엄양(嚴陽) 신흥(新興) 제(齊) 선사
- 윤주(潤州) 자운(慈雲) 광달(匡達) 선사

(이상 30인은 본문에 기록되어 있다. 원주)

청원(靑原) 행사(行思) 선사의
9세 법손(法孫)

길주(吉州) 청원산(靑原山) 행사(行思) 선사의 제9세
금릉(金陵) 승주(昇州) 청량(淸涼) 문익(文益) 선사의
법손

천태산(天台山) 덕소(德韶) 국사

덕소 국사[1]는 처주(處州) 용천(龍泉) 사람으로 성은 진(陳)씨이다. 어머니 섭(葉)씨가 꿈에 흰 광채가 몸에 비추는 것을 보고 태기가 있었으며 탄생한 뒤에는 기이한 일이 많았다.

吉州青原山行思禪師第九世。金陵昇州清涼文益禪師法嗣。天台山德韶國師。處州龍泉人也。俗姓陳氏。母葉氏。夢白光觸體。因而有娠。及誕尤多奇異。

---
1) 덕소 국사(891~972).

15세가 되었을 때에 어떤 범승(梵僧)이 출가를 권하므로 17세에 고향의 용귀사(龍歸寺)에서 수행하다가 18세에 신주(信州) 개원사(開元寺)에서 계를 받았다.

후당(後唐)의 동광(同光) 때에 제방으로 다니다가 투자산(投子山)에 가서 대동(大同) 선사를 뵈니, 이것이 발심하는 시초였다. 나중에 용아산(龍牙山)에 가서 둔(遁) 화상을 뵙고 물었다.

"거룩한 존자에게 어째서 가까이 할 수가 없습니까?"

용아(龍牙)가 말하였다.

"불과 불같기 때문이다."

대사가 말하였다.

"갑자기 물을 만나면 어찌합니까?"

"그대가 모르는구나."

대사가 다시 물었다.

"하늘이 덮지 못하고 땅이 싣지 못한다 하니, 이 이치가 어떠합니까?"

年十五有梵僧勉令出家。十七依本州龍歸寺受業。十八納戒於信州開元寺。後唐同光[2]中遊方詣投子山。見大同禪師。乃發心之始。次謁龍牙遁和尚問。雄雄之尊爲什麼近之不得。龍牙曰。如火與火。曰忽遇水來又作麼生。龍牙曰。汝不會。師又問。天不蓋地不載。此理如何。

---

[2] 後唐同光이 원나라본에는 後梁開平으로 되어 있다.

용아가 말하였다.
"마땅히 이러-하기 때문이다."
대사가 그 뜻을 깨닫지 못하여 다시 물으니, 용아가 말하였다.
"도자(道者)여, 그대가 스스로 알게 될 것이다."

다음에 소산(疎山)에게 물었다.
"백 겹, 천 겹은 어떤 사람의 경지입니까?"
소산이 말하였다.
"왼쪽으로 꼬아진 새끼로 귀신을 묶는다."
대사가 다시 물었다.
"옛과 지금에 떨어지지 않는 것을 스님께서 말씀해 주십시오."
"말할 수 없다."
"어째서 말할 수 없으십니까?"
소산이 말하였다.
"거기에서는 유와 무를 나눌 수 없기 때문이다."

龍牙曰。合如是。師不喩旨再請垂誨。龍牙曰。道者汝向後自會去。次問疎山曰。百匝千重是何人境界。疎山曰。左搓芒繩縛鬼子。師進曰。不落古今請師說。曰不說。師曰。爲什麼不說。曰箇中不辨有無。

대사가 말하였다.
"스님께서는 지금 잘 말씀하십니다."
소산이 깜짝 놀랐다.

대사는 이와 같이 54선지식을 찾았으나 모두 법의 인연이 맞지 않았다. 마지막에 임천(臨川)에 가서 정혜(淨慧) 선사를 뵈었는데, 정혜 선사가 대사를 보자마자 깊은 법기로 여겼다. 대사는 총림으로 두루 다니기를 그치고 참문하는 일을 쉬고 그저 대중을 따를 뿐이었다.

어느 날 정혜가 법상에 오르니, 어떤 승려가 물었다.
"어떤 것이 조계의 한 방울 물입니까?"
정혜가 말하였다.
"이것이 조계의 한 방울 물이다."

師曰。師今善說。疎山駭之。師如是歷參五十四善知識。皆法緣未契。最後至臨川謁淨慧禪師。淨慧一見深器之。師以遍涉叢林亦倦於參問。但隨眾而已。一日淨慧上堂有僧問。如何是曹源一滴水。淨慧曰。是曹源一滴水。

그 승려가 어리둥절하여 물러갔는데, 대사가 그 곁에 있다가 활연히 깨닫고 평생 의심되던 것이 얼음 풀리듯 하였다. 그리하여 정혜에게 깨달은 바를 이야기하니, 정혜가 말하였다.

"그대가 이 뒤에는 반드시 국왕의 스승이 되어 조사의 도리를 크게 빛내기를 나보다 훨씬 더하리라."

이로부터 제방의 뛰어난 주장과 고금의 부사의한 것들을 모두 해결하여 조그마한 자취도 남기지 않았다.

얼마 지나 고향으로 돌아와 천태산에 가서 지자(智者) 지의(智顗) 선사의 옛터를 보니, 자기의 옛집같이 느껴졌다. 더구나 지자 선사와 같은 성이었으므로 사람들이 지자 선사의 후신이라 하였다.

처음에 백사(白沙)에 있을 때, 오월(吳越)의 충의왕(忠懿王)이 왕자의 몸으로 태주(台州)를 지키러 왔다가 대사의 명성을 듣고 대사를 청하여 도를 물으니, 대사가 말하였다.

僧惘然而退。師於座側豁然開悟。平生疑滯渙若氷釋。遂以所悟聞於淨慧。淨慧曰。汝向後當為國王所師。致祖道光大吾不如也。自是諸方異唱古今玄鍵。與之決擇不留微迹。尋迴本道遊天台山。覩智者顗禪師遺蹤有若舊居。師復與智者同姓。時謂之後身也。初止白沙。時吳越忠懿工以國王子刺台州。嚮師之名延請問道。師謂曰。

"다음 날 힘 있는 군왕이 되시면 부처님의 은혜를 잊지 마십시오."

후한(漢)의 건우(乾祐) 원년 무신(戊申)에 왕자가 군왕의 자리를 이어받고 나서 사자를 보내 제자의 예로써 뵈었다.

이때에 천태 지자 선사의 교법을 전하는 희적(義寂)이라는 이가 거듭 대사에게 말하였다.

"지자 선사의 교법이 날이 갈수록 사라져서 아주 없어질까 걱정입니다. 듣건대 신라에는 그 본이 완전히 갖춘 것이 있다는데 화상의 자비의 힘이 아니면 그것을 누가 감히 이룰 수 있겠습니까?"

이에 대사가 충의왕에게 알리니 왕은 사신과 선물과 대사의 서신을 신라로 보내서 그것을 다 베껴다가 채우니, 지금까지 세상에 퍼지고 있다.

대사가 법상에 올라 말하였다.

他日爲覇主無忘佛恩。漢乾祐元年戊申王嗣國位。遣使迎之申弟子之禮。有傳天台智者教義寂者。屢言於師曰。智者之教年祀寖遠慮多散落。今新羅國其本甚備。自非和尚慈力其孰能致之乎。師於是聞於忠懿王。王遣使及齎師之書。往彼國繕寫備足而迴。迄今盛行於世矣。師上堂曰。

"옛 성인들의 방편이 항하의 모래 같은데, 조사께서 말씀하시기를 '바람도 깃발도 움직이는 것이 아니요, 그대의 마음이 움직이는 것이다.'라고 하신 것은 위없는 심인(心印)의 법문이다. 우리들은 조사 문하의 사람인데 조사의 뜻을 어떻게 해야 알겠는가? 바람도 깃발도 움직이지 않건만 그대의 마음이 허망하게 흔들린다는 것이라고도 말고, 바람도 깃발도 흔들리지 않으니 바람과 깃발 위에서 깨치라는 것이라고도 말며, 바람과 깃발이 움직인다고 하는 곳이 무엇이냐는 것이라고도 말라.

어떤 이는 물건에 의하여 마음을 밝히면 알 물건도 없다 하기도 하고, 어떤 이는 물질이 곧 공이라고 하기도 하며, 어떤 이는 바람도 깃발도 움직이는 것이 아니란 말을 잘 알아야 한다고 하기도 하니, 이렇게 아는 것이 조사의 뜻과 무슨 관계가 있으랴.

이미 이와 같이 아는 것을 인정하지 않으면 여러분들은 참답게 알게 될 것이니, 만일 그 속에서 철저히 깨달으면 어떤 법문인들 밝히지 못하랴.

古聖方便猶如河沙。祖師道。非風幡動仁者心動。斯乃無上心印法門。我輩是祖師門下客。合作麼生會祖師意。莫道風幡不動汝心妄動。莫道不撥風幡就風幡通取。莫道風幡動處是什麼。有云。附物明心不須認物。有云。色即是空。有云。非風幡動應須妙會。如是解會與祖師意旨有何交涉。既不許如是會。諸上座便合知悉。若於這裏徹底悟去。何法門而不明。

부처님들의 백천 가지 방편을 일시에 환하게 깨달으리니, 다시 무슨 의심이 남으랴. 그러므로 옛사람이 말하기를 '하나를 알면 천 가지를 알고, 하나를 미혹하면 만 가지를 미혹한다.'라고 하였다. 상좌들이 오늘 하나를 밝혔다면 어찌 내일 또 모르는 일이 있을 수 있겠는가?

한편에서는 모든 것을 초월했다는 것마저 세우지 않는 일을 알기 어렵다고 말라 하며, 또 한편에서는 열등한 범부는 알지 못한다 하니, 이와 같은 견해를 가지고는 설사 티끌같이 많은 겁을 지나도 다만 자기의 정신을 괴롭힐 뿐이어서 전혀 옳지 못하다."

어떤 승려가 물었다.
"모든 법의 적멸상은 말로써 표시할 수 없다는데, 화상께서는 어떻게 사람들을 가르치십니까?"
대사가 말하였다.
"그대가 제방에 가거든 다시 두렷한 온통을 물어라."

百千諸佛方便一時洞了。更有什麼疑情。所以古人道。一了千明一迷萬惑。上座豈是今日會得一。則明日又不會也。莫是有一分向上事難會。有一分下劣凡夫不會。如此見解設經塵劫。只自勞神乏思無有是處。僧問。諸法寂滅相不可以言宣。和尚如何爲人。師曰。汝到諸方更問一遍。

"그러면 언구(言句)가 끊어졌다 하겠습니다."
"꿈속에서나 똑똑하다 하겠구나."

"돛대와 삿대가 모두 멈추었을 때에는 어떻게 피안에 이르겠습니까?"
"그대의 평생을 경축한다."

"어떤 것이 삼종병자입니까?"
"묻는 것과 흡사하다."

"어떤 것이 옛 부처님의 마음입니까?"
"그 물음이 약하지 않구나."

"어떤 것이 육상(六相)[3]입니까?"
"바로 그대가 그것이다."

曰恁麽即絶於言句去也。師曰。夢裏惺惺。問櫓櫂俱停如何得到彼岸。師曰。慶汝平生。問如何是三種病人。師曰。恰問著。問如何是古佛心。師曰。此問不弱。問如何是六相。師曰。即汝是。

---

3) 육상(六相) : 만유의 모든 법이 여섯 가지 모양을 갖추고 있음을 이르는 말 총상(總相), 별상(別相), 동상(同相), 이상(異相), 성상(成相), 괴상(壞相).

"어떤 것이 방편입니까?"
"그 물음이 매우 옳다."

"승려가 열반하면 어디로 갑니까?"
"끝내 그대에게는 말하지 않겠다."
"어째서 저에게는 말하지 않으십니까?"
"그대가 몰라 두려워할까 봐서이다."

"한 송이의 꽃에 다섯 잎이 피면 결과는 자연히 이루어진다고 하는데, 어떤 것이 한 송이의 꽃에 다섯 잎이 핀 것입니까?"
"해가 뜨고 달이 밝다."
"어떤 것이 결과를 자연히 이룬 것입니까?"
"천지가 환하다."

"어떤 것이 무우불(無憂佛)입니까?"
"사람들을 근심에 빠뜨린다."

問如何是方便。師曰。此問甚當。問亡僧遷化向什麼處去也。師曰。終不向汝道。曰爲什麼不向某甲道。師曰。恐汝不會。問一華開五葉。結果自然成。如何是一華開五葉。師曰。日出月明。曰如何是結果自然成。師曰。天地皎然。問如何是無憂佛。師曰。愁殺人。

"온갖 산하와 대지가 어디서 생겼습니까?"
"그 물음은 어디서 왔는가?"

"어떤 것이 자주 일어나는 마음입니까?"
"어찌 숨기랴."

"어떤 것이 제2의 달입니까?"
"온 곳이 매우 분명하니라."
"어째서 알지 못하게 되었습니까?"
"무엇을 제2의 달이라 했는가?"

"어떤 것이 사문의 안목입니까?"
"검기가 칠(漆) 같다."

問一切山河大地從何而起。師曰。此問從何而來。問如何是數起底心。師曰。爭諱得。問如何是第二月。師曰。來處甚分明。曰爲什麼不會。師曰。喚什麼作第二月。問如何是沙門眼。師曰。黑如漆。

"소식이 끊어졌을 때에는 어떠합니까?"
"가리켜 보여 주어서 고맙다."

"어떻게 해야 물건을 굴려 곧 여래와 같겠습니까?"
"그대는 무엇을 물건이라 하는가?"
"그러면 곧 여래와 같겠습니다."
"들여우의 울음소리를 내지 말라."

"나타 태자가 살은 베어서 어머니께 돌려드리고, 뼈는 쪼개서 아버지께 바친 뒤에 연꽃 위에 앉아서 부모에게 설법을 했다 하니, 이때 어떤 것이 태자의 몸입니까?"
"거룩한 분들이 그대를 본다."
"그러면 대천세계가 동일한 진여(眞如)의 성품이겠습니다."
"곡조가 비슷하여 들을 만하더니, 다시 바람에 날려 딴 곡조 속으로 들어갔다."

問絶消息時如何。師曰。謝指示。問如何是轉物即同如來。師曰。汝喚什麼作物。曰恁麼即同如來也。師曰。莫作野干鳴。問那吒太子析肉還母析骨還父。然後於蓮華上爲父母說法。未審如何是太子身。師曰。大家見上座。問曰。恁麼即大千同一眞如性也。師曰。依稀似曲纔堪聽。又被風吹將別調中。

"육근(六根)이 모두 없어지면 어째서 이변과 사변에 밝지 못합니까?"
"밝지 못한 곳이 어느 곳인가?"
"그러면 이변과 사변을 모두 갖추었겠습니다."
"앞의 말은 어디에 있는가?"

대사가 언젠가 이렇게 대중에게 말하였다.
"온갖 말과 글에서 유루(有漏)를 끊어야 된다."
이에 어떤 승려가 물었다.
"어떤 것이 유루를 끊는 구절입니까?"
"그대의 입이 콧구멍과 같다."

"어떤 것이 한 법도 증득함이 없는 것입니까?"
"말이 있기를 기다렸다."

問六根俱泯為什麼理事不明。師曰。何處不明。曰恁麼即理事俱如也。師曰。前言何在。師有時謂眾曰。大凡言句應須絕滲漏始得。時有僧問。如何是絕滲漏底句。師曰。汝口似鼻孔。問如何是不證一法。師曰。待言語在。

"어떻게 해야 모든 법을 증득하겠습니까?"
"어찌하여 정신을 못 차리는가?"

어느 때 대사가 대중에게 말하였다.
"산승(山僧)이 다만 이렇게 다른 이를 대하는 것을 여러 상좌들은 어떻게 체득하여 알아야겠는가?
'진실하게 위해 주는 것이 아니겠는가. 정말로 이러-할 때에는 한 법도 증득할 것이 없지 않은가. 이 출처를 알지 못하는가. 전체가 드러나지 않았는가. 잘못 알지 말아야 한다.'라고 이런 식으로 문자 언어에나 집착하여 짓는 견해〔依草附木〕[4)]는 불법과는 하늘 땅 사이로 멀다.
설사 간단명료하게 대답하고 변론하기를 폭포같이 하더라도 다만 뒤바뀐 소견을 이룰 뿐이다.

曰如何是證諸法。師曰。醉作麼。師有時謂眾曰。只如山僧恁麼對他諸上座。作麼生體會。莫是真實相為麼。莫是正恁麼時。無一法可證麼。莫是識伊來處麼。莫是全體顯露麼。莫錯會好。如此見解喚作依草附木。與佛法天地懸隔。假饒答話簡辯如懸河。只成得箇顛倒知見。

---

4) 의초부목(依草附木) : 원문의 의초부목(依草附木)은 문자에 집착하여 깨달음에 들지 못하는 것을 혼령이 초목에 붙어 있는 것에 비유한 말이다.

만일 간단명료하게 대답하고 말을 가려서 변론하기만을 귀하게 여긴다면 무엇이 어렵겠는가? 다만 남에게 아무 이로움이 되지 못하고 도리어 속임과 의심만 할까 걱정이다.

상좌들은 전부터 배워서 말을 가려서 변론하고, 문답하여 기억해 둔 도리가 지극히 많건만 어째서 마음속의 의심을 끊지 못하고, 옛 성인의 방편을 들어도 전혀 알지 못하는가? 다만 헛된 것이 많고 진실이 적기 때문이다. 그대들이 현재 딛고 있는 발밑에서 일시에 발견하여 이것이 무슨 도리인가를 보는 것만 못하다. 얼마나 많은 법문이 그대들에게 의심을 일으키게 하고, 알음알이로 구하게 했는가? 이제야 비로소 예로부터 배운 것이 다만 생사의 원인이며, 오음과 십팔계 속에서의 살림이었음을 알았을 것이다.

그러므로 옛사람이 말하기를 '보고 듣는 것에서 벗어나지 못하면 물속의 달과 같다.'라고 하였다. 무사하라. 안녕."

若只貴答話簡辯有什麽難。但恐無益於人翻成賺悞。如上座從前所學。簡辯問答記持說道理極多。為什麽心疑不息。聞古聖方便特地不會。只為多虛少實。上座不如從脚跟下一時覷破看是什麽道理。有多少法門。與上座作疑求解。始知從前所學底事。只知是生死根源陰界裏活計。所以古人道。見聞不脫如水裏月。無事珍重。

대사는 또 이런 게송을 보였다.

부사의함에 통달한 봉우리는
인간 세상이 아니어서
마음 이외의 법이 없나니
눈에 가득한 청산이니라

나중에 대사가 반야사(般若寺)에서 12차례 법회를 열었다.
제1차 법회를 개당하는 날에 대중에게 보이고 말하였다.
"한 터럭이 바다를 삼키나 바다의 성품은 이지러짐이 없고, 겨자 씨를 바늘 끝에 던지나 바늘 끝은 요동하지 않는다. 보되 보는 것이 아니요, 알되 아는 것이 아님을 스스로 알 뿐이다."

師有偈示眾曰。
通玄峯頂
不是人間
心外無法
滿目靑山
師後於般若寺開堂說法十二會。第一會師初開堂日示眾云。一毛吞海。海性無虧。纖芥投鋒。鋒利無動。見與不見。會與不會。唯我知焉。

그리고 게송을 말하였다.

잠깐 사이 높은 봉우리에서 내려와 이미 드러내 드날렸으니
반야의 원통(圓通)함이 시방에 두루 하네
인간과 하늘에 넓고 넓어 차별이 없어서
법계가 온통 곳곳마다 드러났네

그리고는 "안녕." 하였다.

대사가 법상에 오르니 어떤 승려가 물었다.
"옛사람이 말하기를 '어떤 사람이 반야를 보았다 하면 반야에 속박되고, 반야를 보지 못했다 해도 반야에 속박된다.'라고 하니, 이미 반야를 보았는데 어째서 반야에 속박됩니까?"

乃有頌曰。
暫下高峯已顯揚
般若圓通遍十方
人天浩浩無差別
法界縱橫處處彰
珍重。師陞堂日有僧問。承古有言。若人見般若即被般若縛。若人不見般若亦被般若縛。既見般若為什麼却被縛。

대사가 말하였다.

"반야가 무엇인데 보았다 하겠느냐?"

승려가 말하였다.

"반야를 보지 못하면 어째서 속박됩니까?"

"그대는 어느 곳에서 반야를 보지 못했다 하는가?"

또 말하였다.

"반야를 보았다 하면 반야라 할 수 없고, 반야를 보지 못했다 하여도 반야라 할 수 없으니, 반야이거늘 어떻게 보았다, 보지 못했다고 말하겠는가? 그러므로 옛 사람이 말하기를 '만약 한 법이 모자라도 법신(法身)을 이루지 못하고, 만약 한 법이 남아도 법신을 이루지 못하고, 한 법이 있어도 법신을 이루지 못하고, 한 법이 없어도 법신을 이루지 못한다.'라고 하였다. 이것이 반야의 참 종지이다. 여러 상좌들이여."

또 어떤 승려가 물었다.

師云。你道般若見什麼。學云。不見般若爲什麼却被縛。師云。你道般若什麼處不見。又云。若見般若不名般若。不見般若亦不名般若。般若且作麼生說見不見。所以古人道。若欠一法不成法身。若剩一法不成法身。若有一法不成法身。若無一法不成法身。此是般若之眞宗諸上座。又僧問。

"잠시 응봉장실(凝峯丈室)을 떠나서 반야의 도량에 와 앉아 있으니 오늘의 가풍을 스님께서 한 구절 일러 주십시오."

대사가 말하였다.

"그대는 어느 곳이 부족한가?"

승려가 말하였다.

"그러면 우레가 건곤을 뒤흔들듯이 사람마다 은혜를 입겠습니다."

"다행히 그러-하건만 알지 못하고 있으니 더듬지는 말라. 더듬으면 적중하지 못한다. 여러 상좌들이여, 같이 증명하자. 그리하여 바른 법이 변함없이 머물러 국토가 안락하게 하자. 안녕."

2차 법회에 대사가 법상에 오르니 어떤 승려가 물었다.

"경전에서 근원에 돌아가면 성품에는 둘이 없으나 방편에는 여러 문(門)이 있다고 하니, 어떤 것이 근원에 돌아간 성품입니까?"

대사가 말하였다.

"그대가 물어서 내가 대답한다."

乍離凝峯丈室來坐般若道場。今日家風請師一句。師云。虧汝什麼處。學云。恁麼即雷音震動乾坤地。人人無不盡霑恩。師云。幸然未會且莫探頭。探頭即不中。諸上座相共證明令法久住國土安樂。珍重。第二會師上堂有僧問。承教有言。歸源性無二方便有多門。如何是歸源性。師云。你問我答。

승려가 말하였다.
"어떤 것이 방편의 문입니까?"
대사가 말하였다.
"그대가 대답하였으니 내가 묻겠다."
"어떻게 향해 나아가야겠습니까?"
"뒤바뀌어서 무엇 하려는가?"

또 어떤 승려가 물었다.
"한 몸이 한량없는 몸이요, 한량없는 몸이 한 몸이라 하니, 어떤 것이 한량없는 몸입니까?"
대사가 말하였다.
"한 몸이니라."
"그러면 옛날의 영산회상을 오늘 친히 뵈었습니다."
"이치에 합당하면 곧 행하라."
또 말하였다.
"삼세의 모든 부처님들이 일시에 그대를 증명하시니, 그대는 어떻게 깨닫겠는가?"

學云。如何是方便門。師云。你答我問。學云。如何趣向。師云。顚倒作麽。又僧問。一身卽無量身無量身卽一身。如何是無量身。師云。一身。學云。恁麽卽昔日靈山今來親覿。師云。理當卽行。又云。三世諸佛一時證明上座。上座且作麽生會。

만일 깨달았다면 털끝만큼도 옮기는 것 없고 변함도 없을 터이니 무슨 까닭이겠는가? 과거, 미래, 현재 삼세 그대로가 그대이기 때문이나, 또한 그대가 삼세는 아니다. 출렁이는 바다에는 방울방울이 가득하고, 한 티끌 공한 성품이 법계를 온통 수용했느니라. 안녕."

3차 법회에 대사가 법상에 오르니, 어떤 승려가 물었다.
"사부대중(四部大衆)이 구름같이 모이고, 인간과 하늘이 공경하여 스님의 얼굴을 우러러 뵈면서 반야의 법문을 설해 주시기를 바라고 있습니다."
대사가 말하였다.
"분명히 기억해 둬라."
"스님께서 묘한 법을 연설하시면 국왕께서 만세하시고 백성들이 안락하겠습니다."
"누가 그대에게 그렇게 말하던가?"
"법이 그러할 뿐입니다."

若會時不遷。無絲毫可得移易。何以故。爲過去未來現在三際是上座。上座且非三際。澤霖大海滴滴皆滿。一塵空性法界全收。珍重。第三會師上堂有僧問。四衆雲集人天恭敬。目覩尊顔願宣般若。師云。分明記取。學云。師宣妙法國王萬歲。人民安樂。師云。誰向你道。學云。法爾如然。

대사가 말하였다.

"그대는 영리하구나."

또 어떤 승려가 물었다.

"삼세의 부처님은 아는 것이 없고, 살쾡이와 물소는 오히려 아는 것이 있다 하니, 삼세의 부처이면서 어찌하여 아는 것이 없습니까?"

대사가 말하였다.

"그대가 도리어 알고 있구나."

"살쾡이와 물소는 어째서 아는 것이 있습니까?"

"그대는 어디서 삼세의 부처님을 보았는가?"

또 어떤 승려가 물었다.

"경전에서 이르기를 '눈으로는 색을 보지 못하고, 뜻으로는 모든 법을 알지 못한다.'라고 하니, 어떤 것이 눈으로는 색을 보지 못하는 것입니까?"

師云。你靈利。又僧問。三世諸佛不知有。狸奴白牯却知有。既是三世諸佛。爲什麼却不知有。師云。却是你知有。學云。狸奴白牯爲什麼却知有。師云。你什麼處見三世諸佛。又僧問。承教有言。眼不見色塵意不知諸法。如何是眼不見色塵。

대사가 말하였다.

"귀로 보는 것이다."

승려가 말하였다.

"어떤 것이 뜻으로는 모든 법을 알지 못하는 것입니까?"

"눈으로 아는 것이다."

"그러면 보고 들을 길이 끊겼는데 색(色)과 소리만이 소란하겠습니다."

대사가 말하였다.

"누가 그대에게 말하던가?"

또 말하였다.

"온갖 문답이 바늘 끝과 칼날이 맞부딪치는 것 같아서 털끝만큼도 어긋남이 없어야 통하지 못 할 일이 없고, 갖추지 않은 이치가 없으리니, 온갖 언어와 온갖 삼매의 눕히고 세움, 깊고 얕음, 숨고 드러남, 가고 옴이 여러 부처님들의 실상문(實相門)이기 때문이다. 지금 당장 한꺼번에 증험해 봐라. 안녕."

師云。却是耳見。學云。如何是意不知諸法。師云。眼知。學云。恁麼即見聞路絕聲色喧然。師云。誰向你道。又云。夫一切問答如針鋒相投。無纖毫參差相。事無不通。理無不備。良由一切言語。一切三昧橫豎深淺隱顯去來。是諸佛實相門。只據如今一時驗取。珍重。

4차 법회에 대사가 법상에 올라 말하였다.

"옛사람이 말하기를 '어떤 것이 선(禪)인가?' 하니 '삼계에 가득하다.'라고 하였고, '어떤 것이 도인가?' 하니 '시방이 넓고 넓다.'라고 했으니, 어째서 삼계에 가득하다 했으며, 어떤 것이 시방이 넓고 넓은 도리이겠는가? 알고자 하는가? 눈·귀·코·혀·몸·뜻을 틀어막아 빈 곳이 없고, 움직일 곳이 없게 하면 그대들은 어떻게 알겠는가?

동서도 얻을 수 없고, 남북도 얻을 수 없으며, 바른 것도 얻을 수 없고, 틀린 것도 얻을 수 없으며, 마음을 쓸 곳도 없고, 베풀어 설할 자리도 없다.

이렇게 안다면 그제야 비로소 법문을 구별하는 것이 끊기고, 온갖 언어에서 중생의 업이 끊기는 것을 알게 되리라. 일찍이 어떤 승려가 묻기를 '어떤 것이 유루(有漏)를 끊는 말입니까?' 하기에, 그에게 말하기를 '입이 콧구멍과 같아서 매우 좋다.'라고 하였다.

第四會師上堂舉。古人云。如何是禪三界綿綿。如何是道十方浩浩。因什麼道三界綿綿。何處是十方浩浩底道理。要會麼。塞却眼塞却耳塞却舌身意。無空闕處無轉動處。上座作麼會。橫亦不得竪亦不得。縱亦不得奪亦不得。無用心處亦無施設處。若如是會得始會法門絕擇。一切言語絕滲漏。曾有一僧問。作麼生是絕滲漏底語。向他道。口似鼻孔甚好。

그대들이 이렇게 알면 자연히 가풍이라는 것도 통하지 않게 되리니, 이런 줄 알면 온 세계가 금강의 눈망울이리라. 무사하라. 안녕."

5차 법회에 대사가 법상에 오르니 어떤 승려가 물었다.
"천하가 태평하고 대왕이 장수하신다니 어떤 것이 왕입니까?"
대사가 말하였다.
"해가 밝고 달이 밝다."
"어떻게 해야 깨달아 알겠습니까?"
"그대는 누구인가?"
또 말하였다.
"천하가 태평하고, 대왕이 장수하고, 국토가 풍부하여 즐겁고, 온갖 환란이 없다고 한 것은 부처님의 말씀으로 고금에 바뀔 수 없다. 변함없이 이 한마디로써 옛을 편안하게 하고 지금을 편안하게 한다. 잘 알아야 한다. 상좌들아."

上座如此會自然不通風去。如識得盡十方世界是金剛眼睛。無事珍重。第五會師上堂有僧問云。天下太平大王長壽如何是王。師云。日曉月明。學云。如何領會。師云。誰是學人。又云。天下太平大王長壽。國土豐樂無諸患難。此是佛語古不易今。不遷一言。可以定古定今。會取好諸上座。

또 어떤 승려가 물었다.

"옛사람이 말하기를 '하늘과 땅 이전에 물건이 있었는데 형체가 없이 본래 고요하다.'라고 했으니, 어떤 것이 하늘과 땅 이전의 물건입니까?"

대사가 말하였다.

"같은 것도 합한 것도 아니다."

"어떤 것이 형체가 없이 본래 고요한 것입니까?"

"누가 하늘과 땅 이전을 물었던가?"

"그러한즉 조용한 숲을 따라 홀로 마음껏 거닐겠습니다."

대사가 말하였다.

"어지러이 지껄여서 무엇 하리오."

또 말하였다.

"불법은 그러한 도리가 아니다. 알고자 하는가? 말을 내도 소리가 아니요, 색(色) 이전이어서 물건도 아니라는 것을 알아야 천하가 태평하고 국왕이 장수하심을 비로소 알리라. 오래 서 있었다. 안녕."

又僧問。承古有言。有物先天地無形本寂寥。如何是有物先天地。師云。非同合。學云。如何是無形本寂寥。師云。誰問先天地。學云。恁麼即隨靜林間獨自遊。師云。亂道作麼。又云。佛法不是這箇道理。要會麼。言發非聲色前不物始會。天下太平大王長壽。久立珍重。

6차 법회에 대사가 법상에 올라 대중에게 보이고 말하였다.

"불법은 현재에 모든 것이 구족해 있는 것이다. 옛사람이 말하기를 '두렷하기가 태허와 같아서 남음도 모자람도 없다.'라고 하였으니, 만약 이러-하다면 누가 모자라고, 누가 남으며, 누가 옳고, 누가 그르며, 누가 알고, 누가 모른다 하겠는가? 그러므로 말하기를 '동쪽에도 상좌요, 서쪽에도 상좌요, 남쪽에도 상좌요, 북쪽에도 상좌다.'라고 했다. 상좌가 어째서 동, 서, 남, 북에서 이루어지는가?

만일 깨달아 알면 자연히 보고 듣고 깨닫고 아는 길이 끊어져 일체 모든 법이 현전하리라. 왜 그렇겠는가? 법신은 형상이 없으나 눈이 닿는 대로 모두 나타내고, 반야는 분별함이 없으나 인연을 대하는 대로 비추기 때문이니, 일시에 사무쳐 깨닫는 것이 좋다. 상좌들이여, 출가한 사람이 무엇을 해야 할까? 이는 본래에 있는 이치여서 분수 밖의 일이 아니다.

第六會師上堂示眾云。佛法現成。一切具足。古人道。圓同太虛無欠無餘。若如是且誰欠誰剩誰是誰非。誰是會者。誰是不會者。所以道。東去亦是上座。西去亦是上座。南去亦是上座。北去亦是上座。上座因什麼得成東西南北。若會得自然見聞覺知路絕。一切諸法現前。何故如此。爲法身無相觸目皆形。般若無知對緣而照。一時徹底會取好。諸上座。出家兒合作麼生。此是本有之理未爲分外。

천태산(天台山) 덕소(德韶) 국사

마음을 알아 근원을 통달해야 사문이라 하니, 만일 마음을 알면 밝고 밝아서 털끝만큼의 장애도 없다. 상좌들이여, 너무 오래 서 있었다. 안녕."

7차 법회에 대사가 법상에 오르니 어떤 승려가 물었다.
"무위(無爲)의 바다에 들고자 하면 먼저 반야선(般若船)을 타라 하니, 어떤 것이 반야선입니까?"
대사가 말하였다.
"항상 머무는 바가 없다."
"어떤 것이 무위의 바다입니까?"
"우선 반야선을 알아라."

또 어떤 승려가 물었다.
"고덕(古德)이 말씀하시기를 '하늘에 오르더라도 사다리를 빌리지 않고, 두루한 바탕이라 다닌다 해도 길이 없다.'라고 하니, 어떤 것이 하늘에 오르는데 사다리를 빌리지 않는 것입니까?"

識心達本源故名爲沙門。若識心皎皎地。實無絲毫障礙。上座久立。珍重。第七會師上堂有僧問。欲入無爲海先乘般若船。如何是般若船。師云。常無所住。曰。如何是無爲海。師云。且會般若船。又僧問。古德云。登天不借梯。遍地無行路。如何是登天不假梯。

대사가 말하였다.

"터럭 끝만큼도 바탕에 남김이 없다."

승려가 말하였다.

"어떤 것이 두루한 바탕이라 다닌다 해도 길이 없는 것입니까?"

"아까 그대에게 무엇이라 했는가?"

대사가 또 말하였다.

"백천 가지 삼매와 신통과 묘용(妙用)[5]이 모두 반야의 바다를 벗어나지 못한다. 무슨 까닭이겠는가? 머무를 바 없는 근본에 의하여 모든 법이 세워졌기 때문이다. 그러므로 말하기를 '생멸과 거래와 삿된 것과 바른 것과 움직임과 고요함 따위 천만 가지 변화가 부처님들의 큰 선정의 문에서 벗어난 것이 없다.'라고 하였다.

여러 상좌들이여, 여러분이 궁구해 지녀서 불법의 수명을 영원하게 하라. 안녕."

師云。不遺絲髮地。學云。如何是遍地無行路。師云。適來向你道什麼。師又云。百千三昧門百千神通門百千妙用門。盡不出得般若海中。何以故。為於無住本建立諸法。所以道。生滅去來邪正動靜千變萬化。是諸佛大定門無過於此。諸上座。大家究取增於佛法壽命。珍重。

---

5) 묘용(妙用) : 묘용은 마음 이외의 한 물건도 없는 가운데 무궁하게 일으켜 쓰고, 무궁하게 일으켜 쓰는 가운데 마음 이외의 한 물건도 없어서, 씀이 있다고도 씀이 없다고도 할 수 없는 화장세계(華藏世界)의 함이다.

8차 법회에 대사가 법상에 오르니 어떤 승려가 물었다.

"세존께서 정법안장(正法眼藏)을 마하가섭에게 전하셨는데, 가섭은 빈발라굴(賓鉢羅窟) 앞에서 누구에게 전했습니까?"

대사가 말하였다.

"나더러 누구를 향해서 말하라는 것인가?"

"그러면 영산에서 전해 주시던 일이 오늘과 다르지 않겠습니다."

"그대는 어디서 영산을 보았는가?"

또 어떤 승려가 물었다.

"화상께서 가섭으로부터 전해온 정혜(淨慧)의 보인(寶印)을 받으셨다는데, 오늘 이 모임에서는 다시 누구에게 전해 주시렵니까?"

대사가 말하였다.

"동동고(鼕鼕鼓)는 한 쪽을 쳐도 두 쪽에서 울린다."

"그러면 천 성인이 같은 무리여서 고금이 다르지 않겠습니다."

"선정의 강물결이 고요한데 물을 찾다가 근원을 잃었구나."

第八會師上堂有僧問。世尊有正法眼付囑摩訶迦葉。只如迦葉在賓鉢羅窟。未審付囑何人。師云。教我向誰說。學云。恁麼即靈山付囑不異今日。師云。你什麼處見靈山。又僧問。淨慧寶印和尚昔日迦葉[6]親傳。未審今日一會當付何人。師云。鼕鼕鼓一頭打兩頭鳴。學云。恁麼即千聖同儔古今不異。師云。禪河浪靜尋水迷源。

---

6) 昔日迦葉이 송나라, 원나라본에는 없다.

또 청우(淸遇)라는 승려가 물었다.

"제왕께서 부르시어 스님께서 왕의 은혜로운 자리에 나오셨으니, 반야의 모임 가운데서 거량해 주십시오."

"분명히 기억해 둬라."

"그러면 운대(雲臺)와 보망(寶網)이 함께 묘한 법문을 연설하겠습니다."

대사가 말하였다.

"청우는 어디로 갔는가?"

"법왕의 법은 이러-합니다."

"누가 증명하는가?"

또 말하였다.

"영산에서 부촉하신 일이 매우 분명하니, 여러 상좌들은 다 함께 일시에 증험해 봐라. 만일 증험해 얻으면 다른 도리가 없어 지금과 같을 뿐이다.

又僧淸遇云。帝王請命師赴王恩。般若會中請師擧唱。師云。分明記取。學云。恁麼卽雲臺寶網同演妙音。師云。淸遇何在。學云。法王法如是。師云。阿誰證明。又云。靈山付囑分明。諸上座一時驗取。若驗得更無別理。只是如今。

비유하건대 허공의 해는 밝고 구름은 어두운 것과 같아 산하대지와 온갖 유위(有爲)의 세계가 모두 분명할 뿐만 아니라 무위의 세계까지도 그러하다. 세존께서 전해 주신 이래 아직까지 털끝만한 차이도 없으니, 다시 누구에게 전하랴. 그러므로 조사께서 말씀하시기를 '마음은 스스로 본래의 마음이니, 근본 마음에는 법이 있는 것이 아니다. 법이라는 법이 근본에 있는 마음이라고 하나 마음도 아니고 근본의 법도 아니다.'라고 하셨다.

이것이 영산회상에서 전해 주시는 본보기이니, 여러분은 철저히 깨달아야 좋다. 세월을 헛되이 보내지 말라. 국왕의 은혜를 갚기 어렵고 모든 부처님의 은혜도 갚기 어려우며 부모와 스승의 은혜도 갚기 어렵고 시방에서 시주한 은혜도 갚기 어렵다. 하물며 이와 같은 차례로 불법을 번성하게 했으니 국왕의 힘이 아니었다면 어찌 이렇게 될 수 있었으랴.

譬如太虛日明雲暗山河大地一切有為世界悉皆明現。乃至無為亦復如是。世尊付囑迄至於今。並無絲毫差別。更付阿誰。所以祖師道。心自本來心。本心非有法。法法有本心。非心非本法。此是靈山付囑榜樣。諸上座徹底會取好。莫虛度時光。國王恩難報。諸佛恩難報。父母師長恩難報。十方施主恩難報。況建置如是次第佛法興隆。若非國王恩力焉得如此。

만일 은혜를 갚고자 하면 밝게 도의 눈[眼]에 사무쳐 반야성품의 바다에 들어야 된다. 너무 오래 서 있었다. 안녕."

9차 법회에 대사가 법상에 오르니 어떤 승려가 물었다.
"고덕이 말씀하시기를 '사람도 공하고 법도 공하여 두 상이 본래 같다.'라고 하니, 어떤 것이 두 상이 본래 같은 것입니까?"
대사가 말하였다.
"산하대지(山河大地)이니라."
"학인은 잘 모르겠으니 스님의 방편을 바랍니다."
"어디가 방편 아닌 곳인가?"

또 어떤 승려가 물었다.
"경전에 마음이 청정하므로 법계가 청정하다고 하니, 어떤 것이 청정한 마음입니까?"
"가릉빈가(迦陵頻伽)⁷⁾와 공명조(共命鳥)⁸⁾이니라."

若要報恩應須明徹道眼入般若性海始得。久立珍重。第九會師上堂有僧問。承先德云。人空法亦空。二相本來同。如何是二相本來同。師云。山河大地。學云。不會ㄣ師方便。師云。什麽處是不方便處。又僧問。承教有言。心淸淨故法界淸淨。如何是淸淨心。師云。迦陵頻伽共命之鳥。

---

7) 가릉빈가(迦陵頻伽) : 극락세계에 있다는 새로서 이 새의 소리를 들으면 모든 근심 걱정이 다 사라진다고 한다.
8) 공명조(共命鳥) : 머리가 둘인 새로 양쪽으로 동시에 소리를 낸다고 한다.

승려가 말하였다.

"마음과 법계가 하나라고 해야 옳겠습니까, 둘이라고 해야 옳겠습니까?"

대사가 말하였다.

"그대 자신이 묻는가, 딴 사람이 묻는가?"

또 대사가 말하였다.

"대도(大道)는 가없어 이러-한데 어찌 옛과 지금을 나누겠는가? 이름도 상도 없어야 옳은 법이며 옳은 수행이니라. 진실로 법계가 끝이 없고 마음 또한 한계가 없으므로 드러나지 않은 일이 없고 나타내지 않은 말이 없다. 이와 같이 알면 반야가 현전한 것이라고 하니, 이치의 극에서 진제(眞際)와 같으면 온갖 산하대지와 삼라만상과 담과 벽과 기왓장에 모두 털끝만큼도 모자람이 없다. 무사하라. 오래 서 있었다. 안녕."

10차 법회에 대사가 법상에 오르니 어떤 승려가 말하였다.

學云。心與法界是一是二。師云。你自問別人問。師又云。大道廓然詎齊今古。無名無相是法是修。良由法界無邊心亦無際。無事不彰。無言不顯。如是會得喚作般若現前。理極同真際一切山河大地森羅萬象墻壁瓦礫。並無絲毫可得虧闕。無事久立珍重。第十會師上堂有僧問。承師有言。

"구천(九天)의 옥인장(玉印)을 스승으로부터 이어받은 것이 칠불(七佛) 이전 마음의 징조라 하니, 어떤 것이 인장입니까?"

대사가 말하였다.

"문채도 드러난 적 없다."

"어떤 것이 마음입니까?"

"그대의 이름은 '안사'이다."

또 말하였다.

"법계의 성품 바다는 함(函)과 뚜껑 같고, 고리와 사슬 같고, 금과 금빛 같아서 지위마다 가지런하여 털끝만큼도 어긋남이 없고, 모양이 조금도 섞이지 않으며, 하나도 아니고 다르지도 않으며, 같지도 않고 구별되지도 않는다.

만일 진실한 경지에 이르려면 법이라고 하는 법에도 모두 철저히 사무쳐야 한다. 위로부터 이낱을 물어서는 옳지 않다 하나, 무엇을 어떻게 해야 곧 옳은지 묻지 않을 때에도 그르칠 것이니, 그대들은 오래 앉아 있을 때만 이낱이 있다 하고, 앉아 있지 않을 때는 이낱이 없다고 하기 때문이다.

九天擎玉印七佛兆前心。如何是印。師云。不露文。如何是心。師云。你名安嗣。又云。法界牪海如函如蓋如鉤如鎖。如金與金色。位位皆齊無纖毫參差。不相混濫。非一非異。非同非別。若歸實地去法法皆到底。不是上來問箇如何若何便是。不問時便非。在長連床上坐時是有。不坐時是無。

제방의 노숙들의 말씀이 항하의 모래같이 세상에 남아 있고, 여래의 일대장경(一大藏經)의 권마다 모두가 부처의 이치를 말씀하고 구절마다 모두 부처의 마음을 설했거늘 어째서 알지 못하는가? 만일 한결같이 가르친 말씀만을 이리저리 얽어서 지식으로 이해하려 한다면, 그대들이 항하의 모래같이 많은 겁을 지낸다 하여도 끝내 깨닫지 못하리니, 이는 뒤바뀐 지견과 알음알이로 살림을 차린다는 것이어서 어디에서도 힘을 얻지 못한다.

이는 대체로 근원 바닥까지 밝히지 못하기 때문이다. 만일 불법의 근원을 끝까지 구명한다면 항하의 모래같이 많은 일대장경이 일시에 드러나서 털끝만큼도 모자라지 않고, 실끝만큼도 남지 않으며, 부처님들께서 항상 세상에 나타나셔서 항상 설법하여 사람들을 제도하시기를 잠시도 끊이지 않으리라. 그리고 원숭이의 울음과 새소리와 초목과 숲이 모두 그대들의 공부를 도와서 잠시도 그대들을 위하지 않는 때가 없을 것이다.

只如諸方老宿言教在世。如恒河沙。如來一大藏經卷卷皆說佛理。句句盡言佛心。因什麼得不會去。若一向織絡言教意識解會。饒上座經塵沙劫亦不能得徹。此喚作顚倒知見識心活計。並無得力處。此蓋為脚根下不明。若究盡諸佛法源。河沙大藏一時現前。不欠絲毫不剩絲毫。諸佛時常出世。時常說法度人。未曾間歇。乃至猿啼鳥叫草木叢林常助上座發機。未有一時不為上座。

이와 같이 특별한 경지가 있거늘 아까운 일이다. 여러 상좌들이여, 여러분이 같이 궁구해 지녀 법이 오래도록 세간에 머무르게 하고, 인간과 하늘의 수명을 늘리고, 국왕이 안락하게 하라. 무사하라. 오래 서 있었구나. 안녕."

11차 법회에 대사가 법상에 올라 말하였다.
"옛사람이 말하기를 '나에게 한 마디가 있으니, 하늘과 인간이로다. 어떤 사람이 알지 못한다고 하면 푸른 물과 청산이라 하겠다.'라고 하였으니, 어떤 것이 한 마디의 도리인가? 옛사람의 말을 밝게 깨달아야 된다. 만일 말로써 말에 이름을 붙인다면 이놈을 깨달을 곳이 없다. 진정코 모든 법의 뿌리 끝까지 규명해야만 비로소 온통인 말을 아는 것이다. 한 마디니 반 구절이니를 따져서 아는 것을 온통인 말이라 하지는 않는다. 만일 언어의 길이 끊기고 마음이 갈 자리가 없어진 것을 알면 비로소 옛사람의 경지에 이르게 된다.

有如是奇特處。可惜許。諸上座。大家究取令法久住世間。增益人天壽命。國王安樂無事。久立珍重。第十一會師上堂擧古人云。吾有一言。天上人間。若人不會綠水清山。且作麼生是一言底道理。古人語須是曉達始得。若是將言而名於言。未有箇會處。良由究盡諸法根帶。始會一言。不是一言半句思量解會喚作一言。若會言語道斷心行處滅。始到古人境界。

그렇다고 눈을 감고 아무것도 보지 않는 것을 언어의 길이 끊겼다 하지도 않으니, 잘못 알지 말라. 불법은 그러한 도리가 아니다. 알고자 하는가? 설사 항하의 모래같이 많은 겁을 지내면서 말할지라도 일찍이 반 구절도 그대들에게 미친 바 없고, 항하사 겁을 지내도록 말하지 않고도 일찍이 반 구절도 모자람이 없으니, 마땅히 철저히 깨달아야 한다. 만일 이와 같음을 이름과 말로만 짐작하려 한다면 공연히 정신과 힘을 소비할 뿐이어서 전혀 쓸 곳이 없다. 여러 상좌들과 함께 증명하니, 후학과 초심자들은 속히 궁구해 지녀라. 오래 서 있었다. 안녕."

12차 법회에 대사가 법상에 오르니 어떤 승려가 물었다.
"해골바가지는 항상 세계와 한 몸이어서 콧구멍이 닿는 곳마다 가풍(家風)을 이룬다 하니, 어떤 것이 해골바가지가 항상 세계와 한 몸인 것입니까?"
대사가 말하였다.

亦不是閉目藏睛暗覰無所見喚作言語道斷。且莫賺會。佛法不是這箇道理。要會麼。假饒經塵沙劫說。亦未曾有半句到。諸上座經塵沙劫不說。亦未曾欠少半句。應須徹底會去始得。若如是斟酌名言空勞心力並無用處。與諸上座相共證明。後學初心速須究取。久立珍重。第十二會師上堂有僧問。髑髏常干世界鼻孔摩觸家風。如何是髑髏常干世界。師云。

"아직도 다시 대답하기를 기다리고 있는가?"
"어떤 것이 콧구멍이 닿는 곳마다 가풍을 이루는 것입니까?"
"때마다 두루 온통인 것을 행했느니라."

어떤 승려가 물었다.
"한 사람은 횃불을 들고 스스로의 몸을 태우고, 다른 한 사람은 얼음을 안고 길에 쓰러져 죽었다면 이 두 사람 중에서 누가 도를 깨쳤겠습니까?"
대사가 말하였다.
"잊은 적 없는 이이니라."
"잘 모르겠습니다. 스님께서 가리켜 보여 주십시오."
"그대의 이름이 경신(敬新)이니라."
"그러면 증명해 주는 사람이 있습니까?"
"있느니라."
"누가 증명합니까?"
"경신이 증명한다."

更待答話在。學云。如何是鼻孔摩觸家風。師云。時復擧一遍。又僧問。一人執炬自盡其身。一人抱氷橫屍於路。此二人阿誰辨道。師云。不遺者。學云。不會乞師指示。師云。你名敬新。學云。未審還有人證明也無。師云。有。學云。什麼人證明。師云。敬新證明。

또 어떤 승려가 물었다.
"우두가 4조를 만나기 전에는 어떠합니까?"
대사가 말하였다.
"뛰어난 경계와 영험한 자취를 본 사람을 모두 부러워했다."
"본 뒤에는 어떠합니까?"
"아까부터 내가 그대에게 무엇이라 했던가?"

또 어떤 승려가 물었다.
"옛사람이 말하기를 '허공을 두드려서 곡곡 소리가 나면 돌사람과 나무사람이 모두 대답한다. 6월에 눈이 날려 어지러이 떨어지니, 이것이 여래의 대원각이다.'라고 하니, 어떤 것이 허공을 두드리는 것입니까?"
대사가 말하였다.
"흑인 머슴이 무쇠바지를 입고서 한 방망이 치고서 한 걸음 걷는다."
"그러면 돌사람과 나무사람이 모두 대답하겠습니다."

又僧問。牛頭未見四祖時如何。師云。異境靈蹤覩者皆羨。僧又云。見後如何。師云。適來向你道什麼。又僧問。承古有言。敲打虛空鳴毃毃。石人木人齊應諾。六月降雪落紛紛。此是如來大圓覺。如何是敲打虛空底。師云。崑崙奴著鐵袴打一棒行一步。學云。恁麼即石人木人齊應諾也。

"그대가 듣기는 하였는가?"

또 말하였다.

"부처님들의 법문은 언제나 이러-하다. 비유하건대 큰 바다에 천만 갈래의 물결이 일어나 잠시도 머물지 않는 것과 같이, 잠시도 있는 것도 없는 것도 아니다. 넓고 넓은 바탕에 자재한 광명이 삼세와 털끝의 근본이다. 고금이 한 생각에 원만하니 마땅히 철저히 사무쳐야 된다. 한 도리를 물어서 한 이야기를 기억해 공교로운 도리를 짓지만, 바람 같고 구름 같으며 물속의 달 같은 것이고, 사대와 육식, 팔식으로 대한 것이므로 불법이라 여기지 말라. 스스로를 속이지 말라.

여러분들이여, 끝내 이익이 없다. 만일 철저히 알면 진실로 숨길 수 없으니, 나타나지 않은 세계가 없고, 티끌만큼도 드러나지 않은 것이 없다. 바로 범부의 지위에서 모든 부처님의 경지에 올라가되 털끝만큼의 힘도 들이지 않으니, 한 번에 깨닫는 것이 좋다. 무사하라. 오래 서 있었구나. 안녕."

師云。你還聞麼。又云。諸佛法門時常如是。譬如大海千波萬浪。未曾暫住。未嘗暫有。未嘗暫無。浩浩地光明自在。宗三世於一毛端。圓古今於一念。應須徹底明達始得。不是問一則語記一轉話巧作道理。風雲水月四六八對。便當佛法。莫自賺諸上座究竟無益。若徹底會去實無可隱藏。無刹不彰。無塵不現。直下凡夫位齊諸佛。不用纖毫氣力。一時會取好。無事久立珍重。

개보(開寶) 4년 신미(辛未)에 화정(華頂)의 서쪽 봉우리가 갑자기 무너지면서 온 산천이 진동하였다. 이에 대사가 말하였다.

"나는 오래 있지 않을 것이다."

이듬해 6월에 큰 별이 봉우리 꼭대기에 떨어지고 숲이 희게 변하였다. 대사는 연화봉에서 병을 만났으나 참문(參問)에 응하는 일이 여전하였다. 28일에 대중을 모아 이별의 말을 하고 가부좌를 맺고 떠났다. 수명은 82세이고, 법랍은 65세였다.

開寶四年辛未華頂西峯忽摧聲震一山。師曰。吾非久矣。明年六月大星隕於峯頂林木變白。師乃示疾於蓮華峯。參問如常。二十八日集眾言別。跏趺而逝。壽八十二。臘六十五。

 토끼뿔

☞ "옛과 지금에 떨어지지 않는 것을 스님께서 말씀해 주십시오." 하니 "말할 수 없다."라고 하고, "어째서 말할 수 없으십니까?" 하니 소산이 말하기를 "거기에서는 유와 무를 나눌 수 없기 때문이다." 했는데

"옛과 지금에 떨어지지 않는 것을 스님께서 말씀해 주십시오." 했을 때

대원은 "잘 보았느냐?" 하고

"어째서 말할 수 없으십니까?" 했을 때

대원은 "그렇기 때문이다." 하리라.

☞ "모든 법의 적멸상은 말로써 표시할 수 없다는데, 화상께서는 어떻게 사람들을 가르치십니까?" 했을 때

대원은 "이러-해서 더할 수도 덜할 수도 없느니라." 하리라.

∽ "돛대와 삿대가 모두 멈추었을 때에는 어떻게 피안에 이르겠습니까?" 했을 때

대원은 "돛대는 기니라." 하리라.

∽ "어떤 것이 삼종병자입니까?" 했을 때

대원은 "지금의 그대니라." 하리라.

∽ "한 송이의 꽃에 다섯 잎이 피면 결과는 자연히 이루어진다고 하는데, 어떤 것이 한 송이의 꽃에 다섯 잎이 핀 것입니까?" 하니 "해가 뜨고 달이 밝다."라고 하고, "어떤 것이 결과를 자연히 이룬 것입니까?" 하니 "천지가 환하다." 했는데

"한 송이의 꽃에 다섯 잎이 피면 결과는 자연히 이루어진다고 하는데, 어떤 것이 한 송이의 꽃에 다섯 잎이 핀 것입니까?" 했을 때

대원은 "오늘 일을 누가 묻거든 사실대로 말하라." 하고

"어떤 것이 결과를 자연히 이룬 것입니까?" 했을 때

대원은 "무." 하리라.

∽ "어떤 것이 무우불(無憂佛)입니까?" 했을 때

대원은 "더 분명할 수 없다." 하리라.

∽ "온갖 산하와 대지가 어디서 생겼습니까?" 했을 때

대원은 "그것이다." 하리라.

∽ "소식이 끊어졌을 때에는 어떠합니까?" 했을 때

대원은 "악!" 하리라.

∽ "어떻게 해야 물건을 굴려 곧 여래와 같겠습니까?" 했을 때

대원은 "태양 앞에 그림자가 없다." 하리라.

༄ "나타 태자가 살은 베어서 어머니께 돌려드리고, 뼈는 쪼개서 아버지께 바친 뒤에 연꽃 위에 앉아서 부모에게 설법을 했다 하니, 이때 어떤 것이 태자의 몸입니까?" 했을 때

대원은 "묻는 놈이다." 하리라.

༄ "어떤 것이 유루를 끊는 구절입니까?" 했을 때

대원은 "천자문이다." 하리라.

༄ "한 몸이 한량없는 몸이요, 한량없는 몸이 한 몸이라 하니, 어떤 것이 한량없는 몸입니까?" 했을 때

대원은 "십만팔천리구나." 하리라.

༄ "무위(無爲)의 바다에 들고자 하면 먼저 반야선(般若船)을 타라 하니, 어떤 것이 반야선입니까?" 했을 때

대원은 "반야선이다." 하리라.

∽ "어떤 것이 무위의 바다입니까?" 했을 때

대원은 "아닌 곳을 말해 봐라." 하리라.

∽ "고덕(古德)이 말씀하시기를 '하늘에 오르더라도 사다리를 빌리지 않고, 두루한 바탕이라 다닌다 해도 길이 없다.'라고 하니, 어떤 것이 하늘에 오르는데 사다리를 빌리지 않는 것입니까?" 했을 때

대원은 "혀 빌릴 것도 없다." 하리라.

∽ "세존께서 정법안장(正法眼藏)을 마하가섭에게 전하셨는데, 가섭은 빈발라굴(賓鉢羅窟) 앞에서 누구에게 전했습니까?" 했을 때

대원은 "사리여!" 하리라.

∽ "제왕께서 부르시어 스님께서 왕의 은혜로운 사리에 나오셨으니, 반야의 모임 가운데서 거량해 주십시오." 했을 때

대원은 "평해 봐라." 하리라.

∽ "해골바가지는 항상 세계와 한 몸이어서 콧구멍이 닿는 곳마다 가풍(家風)을 이룬다 하니, 어떤 것이 해골바가지가 항상 세계와 한 몸인 것입니까?" 했을 때

대원은 "해골바가지가 누설했다." 하리라.

∽ "우두가 4조를 만나기 전에는 어떠합니까?" 하니 "뛰어난 경계와 영험한 자취를 본 사람을 모두 부러워했다."라고 하고, "본 뒤에는 어떠합니까?" 하니 "아까부터 내가 그대에게 무엇이라 했던가?" 했는데

"본 뒤에는 어떠합니까?" 했을 때

대원은 "항시 이럴 뿐이다." 하리라.

항주(杭州) 보은사(報恩寺) 혜명(慧明) 선사

혜명 선사의 성은 장(蔣)씨이다. 어려서 출가하여 삼학(三學)을 정밀히 연구하다가 현묘한 진리를 탐구하는데 뜻을 두었다. 남쪽으로 민월(閩越) 지방을 향해 떠나서 여러 선원을 찾아다녔으나 본심을 깨닫지 못하였다.

나중에 임천(臨川)으로 가서 정혜(淨慧) 선사를 뵙고 스승과 제자의 인연을 맺어 도에 계합되었다. 이어 은수(鄞水)의 대매산(大梅山)으로 돌아가서 암자를 짓고 살았다.

이 시기에 오월 지방에는 참선하는 이가 비록 많았으나 모두가 현사의 종지를 곁가지로 여기고 있었으므로 대사가 이를 정돈하여 인도하고자 하였다.

하루는 두 선객이 찾아오니 대사가 물었다.

杭州報恩寺慧明禪師。姓蔣氏。幼出家三學精練。志探玄旨。乃南遊於閩越間。歷諸禪會莫契本心。後至臨川謁淨慧禪師。師資道合。尋迴鄞水大梅山庵居。時吳越部內禪學者雖盛。而以玄沙正宗置之閫外。師欲整而導之。一日有二禪客到。師問曰。

"그대들은 어디서 떠났는가?"

선객이 대답하였다.

"서울〔都城〕에서 떠났습니다."

대사가 말하였다.

"그대들이 서울에서 떠나 이 산으로 왔으니 서울은 그대들만큼 작아졌을 것이요, 이 산은 그대들만큼 많아졌을 것이다. 많아졌다면 마음 이외에 법이 있고, 작아졌다면 마음의 법이 두루하지 못하리라. 깨달은 도리로 대답한다면 여기에 살게 하고, 알지 못한다면 떠나라."

두 선객이 대답하지 못하였다.

새로 온 승려가 물었다.

"어떤 것이 대매의 주인입니까?"

대사가 말하였다.

"그대가 오늘 어디서 떠났는가?"

승려가 대답이 없었다.

上座離什麼處。曰都城。師曰。上座離都城到此山。則都城少上座此山剩上座。剩則心外有法。少則心法不周。說得道理即住。不會即去。其二禪客不能對。新到僧問。如何是大梅主。師曰。闍梨今日離什麼處。僧無對。

대사는 얼마 지나 천태산으로 옮겨가서 백사(白沙)에다 암자를 짓고 살았다. 그때 붕언(朋彦) 상좌라는 이가 널리 배우고 많이 기억해 가지고 대사를 찾아와 종승의 법을 겨루어 토론하자고 하였다. 이에 대사가 말하였다.

"말이 많으면 도와는 멀어진다. 지금 어떤 일을 들어 물으랴. 위로부터의 여러 성인과 여러 선덕들 가운데 아직도 깨닫지 못한 이가 있겠는가?"

붕언이 대답하였다.

"모든 성인이나 선덕 같은 이라면 어찌 깨닫지 못한 이가 있겠습니까?"

대사가 다시 물었다.

"한 사람이 참마음을 일으켜 근원에 돌아가면 시방의 허공이 모두 다 무너진다 했는데, 지금 천태산이 우뚝하거늘 어떻게 무너질 수 있겠는가?"

붕언이 어리둥절하였다.

師尋遷於天台山白沙卓庵。時有朋彦上座。博學強記來訪師敵論宗乘。師曰。言多去道遠矣。今有事借問。只如從上諸聖及諸先德。還有不悟者也無。朋彦曰。若是諸聖先德豈不有悟者哉。師曰。一人發真歸源十方虛空悉皆消殞。今天台山嶷然。如何得消殞去。朋彦不知所措。

이로부터 다른 종의 여러 학자들이 찾아와 모두 굴복하였다.

한(漢)의 건우(乾祐)때, 오월(吳越)의 충의왕(忠懿王)이 성안으로 청해 들여 법을 묻고, 이어 자숭원(資崇院)에 살게 하였다. 대사는 여기서 현사 종일(玄沙宗一) 대사와 지장(地藏)과 법안(法眼)의 종지를 성대히 드날리어 극치에 이르렀다. 이에 왕이 취암 영참(翠巖令參) 등 여러 선장(禪匠)과 성안의 유명한 이들을 시켜 승부를 가리게 하였다.

이때에 천룡(天龍) 선사가 물었다.

"여러 부처님과 불법이 모두 이 경에서 나왔다 하는데, 이 경은 어디서 나왔습니까?"

대사가 말하였다.

"무엇이라 했는가?"

천룡이 막 다시 물으려는데, 대사가 말하였다.

"지나갔다."

自是他宗泛學來者皆服膺矣。漢乾祐中吳越忠懿王延入王府問法。命住資崇院。師盛談玄沙宗一大師及地藏法眼宗旨臻極。王因命翠巖令參等諸禪匠及城下名公定其勝負。天龍禪師問曰。一切諸佛及佛法皆從此經出。未審此經從何而出。師曰。道什麼。天龍方再問。師曰。過也。

자엄(資嚴) 장로가 물었다.

"어떤 것이 현전(現前)의 삼매입니까?"

대사가 말하였다.

"들었는가?"

"저는 귀먹지 않았습니다."

"과연 귀가 어둡구나."

대사가 설봉(雪峯)의 탑명(塔銘)을 들어 어떤 노숙(老宿)에게 물었다.

"인연에 의하여 있는 것은 끝내 무너지고, 인연에 의하여 있지 않은 것은 여러 겁을 지나도 항상 견고하다고 한다. 무너짐과 견고함은 그만두고, 설봉은 지금 어디에 있는가?"9)

대중이 아무도 대답하는 이가 없었고, 설사 대답하는 이가 있어도 역시 따져 묻는 데는 감당하지 못하였다.

資嚴長老問。如何是現前三昧。師曰。還聞麼。曰某甲不患聾。師曰。果然患聾。師舉雪峯塔銘問老宿云。夫從緣有者始終而成壞。非從緣有者歷劫而長堅。堅之與壞即且置。雪峯即今在什麼處(法眼別云。即今是成是壞)眾皆無對。設有對者亦不能當其徵詰。

---

9) 법안(法眼)이 따로 말하기를 "지금의 것은 무너짐인가, 이루어짐인가?" 하였다. (원주)

이때에 여러 대중이 승복하는 것을 보자 왕은 퍽 기뻐하면서 대사에게 거주하기를 명하고, 또 원통 보조 선사(圓通普照禪師)라는 호를 바쳤다.

대사가 법상에 올라 말하였다.
"여러분, 잘 알겠는가? 말하고 잠잠하고 움직이고 고요함이 모두 불사(佛事) 아닌 것이 없다고도 말하지 말라. 그리하여 잘못 알지 말라."
어떤 승려가 물었다.
"어떤 것이 조사께서 서쪽에서 오신 뜻입니까?"
대사가 말하였다.
"그대는 향로를 본 일이 있는가?"
"제가 잘 모르겠으니 스님께서 가리켜 보여 주십시오."
"향로도 모르는가?"

時群彦彌伏。王大悅命師居之。署圓通普照禪師。師上堂謂眾曰。諸人還委得麼。莫道語默動靜無非佛事好。且莫錯會。僧問。如何是祖師西來意。師曰。汝還見香臺麼。曰某甲未會乞師指示。師曰。香臺也不識。

"눈앞의 기틀을 떠나서 어떤 것이 조사께서 서쪽에서 오신 뜻입니까?"
"그대는 어찌 묻지 않는가?"
"그런즉 옳겠습니다."
"그것도 쓸데없는 짓이다."

"어떤 것이 불법의 대의입니까?"
"내가 등명불(燈明佛)을 보니 본래의 서광(瑞光)이 그러하더라."

"어떤 것이 학인 자신입니까?"
"특별한 물음을 펴는 것은 무슨 뜻인가?"

"어떤 것이 서쪽에서 오신 뜻입니까?"
"참으로 십만팔천리를 거쳐서 당장 서쪽에서 왔으나 동쪽에 이른 적은 없다."

問離却目前機如何是西來意。師曰。汝何不問。曰恁麼即委是去也。師曰。也是虛施。問如何是佛法大意。師曰。我見燈明佛本光瑞如此。問如何是學人自己。師曰。特地申問是什麼意。問如何是西來意。師曰。十萬八千真跋涉。直下西來不到東。

"어떤 것이 제2의 달입니까?"

"눈을 비비고 꽃을 보니 꽃은 두어 송이요, 정명(精明)의 나무를 보니 가지가 몇 갈래이다."

問如何是第二月。師曰。揑目看花花數朶。見精明樹幾枝枝。

 토끼뿔

◌ "어떤 것이 현전(現前)의 삼매입니까?" 했을 때

대원은 "솔이 푸르다." 하리라.

◌ "인연에 의하여 있는 것은 끝내 무너지고, 인연에 의하여 있지 않은 것은 여러 겁을 지나도 항상 견고하다고 한다. 무너짐과 견고함은 그만두고, 설봉은 지금 어디에 있는가?" 했을 때

대원은 "같이 하지 못한 적이라도 있었던가?" 하리라.

장주(漳州) 나한(羅漢) 선법(宣法) 지의(智依) 대사

지의 대사가 법상에 올라 말하였다.

"온 시방세계에 그대에게 보고 듣고 깨닫고 알게 할 법이 한 티끌만큼도 없으니, 이것을 믿겠는가? 비록 그러하나 반드시 깨달아야 한다. 등한시하지 말라. 보지 못했는가? 자기의 일만을 밝히고 눈앞의 일을 깨닫지 못하면 외짝 눈만을 갖춘 것이다. 알겠는가?"

어떤 승려가 물었다.

"가는 티끌도 서지 못하는데 어째서 밉고 고운 것이 나타납니까?"

대사가 말하였다.

"분명히 기억해 두었다가 딴 곳에 가거든 그에게 물어라."

漳州羅漢宣法大師智依。師上堂曰。盡十方世界無一微塵許法與汝作見聞覺知。還信麼。然雖如此也須悟始得。莫將為等閑。不見道。單明自己不悟目前。此人只具一隻眼。還會麼。僧問。纖塵不立為什麼好醜現前。師曰。分明記取別處問人。

"대중이 모였습니다. 법을 얻을 이는 누구입니까?"
"언제 잃었던가?"

"어떤 것이 부처입니까?"
"그대는 행각하는 승려이다."

"어떤 것이 보수(寶壽) 화상의 가풍입니까?"
"마음대로 보아라."
"그러면 대중이 믿음이 있겠습니다."
"그대는 어떠한가?"
"끝내 대중을 속일 수는 없습니다."
"어찌 조금인들 의심하겠는가?"

대사가 어떤 승려에게 물었다.
"어디서 업을 닦았는가?"

問大眾雲集誰是得者。師曰。還曾失麼。問如何是佛。師曰。汝是行脚僧。問如何是寶壽家風。師曰。一任觀看。曰恁麼即大眾有賴。師曰。汝作麼生。曰終不敢謾大眾。師曰。嫌少作麼。師問僧。受業在什麼處。

승려가 대답하였다.
"불적사(佛迹寺)에서 입니다."
대사가 말하였다.
"부처가 어디에 있던가?"
"어디엔들 부처가 없겠습니까?"
대사가 주먹을 번쩍 들면서 말하였다.
"이것이 무엇인가?"
"화상은 거두시지요."
"그대에게 일곱 방망이를 때리리라."

대사가 또 어떤 승려에게 물었다.
"올여름에는 어디에 있었는가?"
승려가 말하였다.
"무언(無言) 상좌의 처소에 있었습니다."
"그에게 법문을 물은 적이 있는가?"
"예, 물었습니다."

曰在佛迹。師曰。佛在什麽處。曰什麽處不是。師擧起拳曰。作麽生。曰和尚收取。曰放闍梨七棒。師問僧。今夏在什麽處。曰在無言上座處。師曰。還曾問訊他否。曰也曾問訊。

대사가 말하였다.
"무언이거늘 무엇을 물었단 말이냐?"
승려가 말하였다.
"만일 무언의 경지를 얻었다면 무엇인들 묻지 못하겠습니까?"
대사가 할을 하면서 말하였다.
"마치 노형(老兄)에게 물은 것 같구나."

대사가 언단(彦端) 장로와 함께 떡을 먹는데, 언단이 물었다.
"백 가지 천 가지가 그 본체는 둘이 아닙니다."
대사가 말하였다.
"어떤 것이 둘이 아닌 본체인가?"
언단이 떡을 번쩍 드니, 대사가 말하였다.
"그것 역시 백 가지 천 가지이다."
"그것도 이 화상의 견처입니다."
"그대는 나공(羅公)이 머리를 빗으며 노래하던 모양과 같구나."

師曰。無言作麼生問得。曰若得無言什麼處不問得。師喝之曰。恰似問老兄。師與彦端長老喫餅餤。端曰。百種千般其體不二。師曰。作麼生是不二體。端拈起餅餤。師曰。只者百種千般。端曰。也是和尙見處。師曰。汝也是羅公詠梳頭樣。

대사가 입멸하려 할 때에 대중에게 말하였다.

"오늘 저녁에 사대(四大)가 화창하지 못해서 구름이 뜨고 새가 날고, 바람이 불고 먼지가 인다. 끝없이 넓은 바탕을 누가 바로 잡아 주겠는가? 바로 잡아 준다면 영겁토록 생각해 아는 것이 아닐 것이며, 바로 잡아 줄 수 없다면 때때마다 항상 나를 봐야할 것이다."

말을 마치자 입적하였다.

師將示滅。乃謂眾曰。今晚四大不和暢。雲騰鳥飛風動塵起浩浩地。還有人治得麼。若治得永劫不相識。若治不得時時常見我。言訖告寂。

 토끼뿔

∽ "가는 티끌도 서지 못하는데 어째서 밉고 고운 것이 나타납니까?" 했을 때

대원은 "방하착하라." 하리라.

∽ 대사가 주먹을 번쩍 들면서 "이것이 무엇인가?" 했을 때

대원은 "무엇이라 하겠는가?" 하리라.

금릉(金陵) 종산(鍾山) 장의(章義) 도흠(道欽) 선사

도흠 선사는 태원(太原) 사람으로 처음에는 여산(廬山)의 서현사(棲賢寺)에서 살았다.

대사가 법상에 올라 말하였다.

"도가 먼 곳에 있겠는가? 만나는 일마다 참이니라. 성인이 먼 곳에 있겠는가? 체득하면 신령스럽다. 내가 평소에 그대들에게 보였거늘 어째서 의발(衣鉢) 밑이나 방석 밑에서 당장에 살펴서 취하지 못하고 여기까지 와서 무엇을 하자는 것인가? 기왕에 왔으니, 나는 어쩔 수 없이 옛사람의 사소한 방편으로 거북의 털과 토끼의 뿔을 뒤적여 풀어 털어버리게 하리라.

여러분, 요긴한 것을 살펴 얻고자 하는가? 승당(僧堂) 안에서나 삼문(三門) 밑에서나 요사(寮舍) 안에서 살펴서 취하는 것이 좋다.

金陵鍾山章義禪師道欽。太原人也。初住廬山棲賢。師上堂曰。道遠乎哉。觸事而眞。聖遠乎哉。體之則神。我尋常示汝。何不向衣鉢下坐地直下參取。須要上來討箇什麼。既上來我即事不獲已。便擧古德少許方便。抖擻些子龜毛兔角解落。諸上座欲得省要麼。僧堂裏三門下寮舍裏參取好。

아는 것이 있는가, 없는가? 있거든 나와서 말해 봐라. 그대들에게 증명해 주리라."

어떤 승려가 물었다.
"어떤 것이 서현(棲賢)의 경지입니까?"
대사가 말하였다.
"서현에 무슨 경지가 있는가?"

"옛사람이 방망이를 들고 불자를 세운 것이 종승 안의 일에 맞습니까?"
"옛사람이 벌써 말하여 마쳤다."

"학인이 처음으로 총림에 들어왔으니 스님께서 가리켜 보여 주십시오."
"한 손으로 하늘을 가리키고, 한 손으로 땅을 가리켰느니라."

還有會處也未。若有會處試說看。與上座證明。僧問。如何是棲賢境。師曰。棲賢有什麼境。問古人拈椎豎拂。還當宗乘中事也無。師曰。古人道了也。問學人創入叢林乞和尚指示。師曰。一手指天一手指地。

강남의 국왕이 대사를 장의도량(章義道場)에 살라고 청하니, 대중에게 보이고 말하였다.

"모두 여기에 왔으나 서서 무엇 하겠는가? 선지식이 항하의 모래같이 많이 있으면서 항상 그대들과 도반이 되어 주니, 다니고 머무르고 앉고 누움에 잠시도 여읠 수 없다. 그저 긴 평상 위에 가만히 앉았어도 시방의 선지식이 와서 그대들에게 참문 하는데, 여러 상좌들은 어찌 이것을 믿지 않고 허다한 어려움을 만드는가?

옛 성인도 지금 사람들을 어쩔 수 없다고 한탄하면서 또 말하기를 '인정(人情)의 미혹을 슬퍼한 지 오래다. 눈앞에 참됨을 대하고서도 깨닫지 못한다.'라고 하였으니, 이것은 그대들이 보면서도 알지 못함을 개탄한 것이다. 말해 봐라. 무엇을 보면서도 알지 못한다 하는 것인가? 어째서 옛사람들의 방편을 체득해서 살피지 못하는가? 오직 믿음이 미치지 못하므로 이렇게 된 것이다.

江南國主請師居章義道場。示眾曰。總來這裏立作什麼。善知識如河沙數。常與汝為伴。行住坐臥不相捨離。但長連床上穩坐地。十方善知識自來參。上座何不信取。作得如許多難易。他古聖嗟見今時人不奈何了。乃曰。傷夫人情之惑久矣。目對真而莫[10]覺。此乃嗟汝諸人看却不知。且道看却什麼不知。何不體察古人方便。只為信之不及致得如此。

---

10) 莫이 송나라, 원나라본에는 不로 되어 있다.

여러분들이 불법에 마음을 두면 얻지 못할 것이 없으리라. 무사히 도를 체득하라."

어떤 승려가 물었다.
"어떤 것이 서쪽에서 오신 뜻입니까?"
대사가 말하였다.
"동쪽도 아니고 서쪽도 아니다."

"백 년 묵은 어두움을 한 등불이 없애 버릴 때에는 어떠합니까?"
"부질없는 말을 말라."

"불법도 변합니까?"
"상좌가 옳다."

"대중이 다 모였으니 스님께서 종지를 드날려 주십시오."
"오래되었다."

諸上座但於佛法中留心無不得者。無事體道去。僧問。如何是西來意。師曰。不東不西。問百年暗室一燈能破時如何。師曰。莫謾語。問佛法還受變異也無。師曰。上座是。僧問。大眾雲集請師舉揚宗旨。師曰。久矣。

"어떤 것이 현묘한 종지입니까?"
"현묘함에 무슨 뜻이 있겠는가?"

問如何是玄旨。師曰。玄有什麼旨。

 토끼뿔

༄ "어떤 것이 서현(棲賢)의 경지입니까?" 했을 때

대원은 "소가 날개 친다." 하리라.

༄ "백 년 묵은 어두움을 한 등불이 없애 버릴 때에는 어떠합니까?" 했을 때

대원은 "그 등불이나 말해 봐라." 하리라.

༄ "어떤 것이 현묘한 종지입니까?" 했을 때

대원은 "동서는 십만 리고 남북은 팔천 리이다." 하리라.

금릉(金陵) 보은(報恩) 광일(匡逸) 선사

광일 선사는 명주(明州) 사람이다. 처음에 윤주(潤州) 자운사(慈雲寺)에 살았는데, 강남의 국왕이 보은원에 살기를 청하고 응밀 선사(凝密禪師)라 불렀다.

어느 날 법상에 올라 대중이 모이니, 선사가 대중을 둘러보면서 말하였다.

"의지하여 행하면 허물이 없을 것이다. 믿는가? 마치 태양이 혁혁한 것 같으니, 다시는 따지지 말라. 따져서는 이르지 못한다. 설사 따져서 이른다 하여도 그것은 한계 있는 지혜라 부른다. 보지 못했는가? 옛 선덕이 말하기를 '사람이 무심하면 도에 합하고 도에 무심하면 사람에게 합하여 사람과 도가 합하면 그것을 일 없는 사람이라 한다.'라고 하였는데, 어디까지를 범부라 하고 어디까지를 성인이라 하는가?

金陵報恩匡逸禪師。明州人也。初住潤州慈雲。江南國主請居上院。署凝密禪師。一日上堂眾集。師顧視大眾曰。依而行之即無累矣。還信麽。如太陽赫奕皎然地。更莫思量。思量不及。設爾思量得及。喚作分限智慧。不見先德云。人無心合道。道無心合人。人道既合是名無事人。且自何而凡自何而聖。

만일 이것을 알지 못한다면 미혹한 망정(妄情)에 가려져서 깨닫지 못한다. 미혹했을 때는 장애되는 물질이 있어 상대하기도 하고 막기도 하는 것이 여러 가지여서 같지 않지만, 홀연히 깨달았을 때에도 역시 얻는 바가 없다.

비유하건대 연야달다(演若達多)가 그림자를 잘못 알아 머리를 잃어 버렸다고 여겼을 때 머리를 가지고 있으면서 머리를 찾는 것이 아닌가? 그러니 미혹했을 때에도 머리를 잃어 버린 것이 아니요, 깨달은 뒤에라도 머리를 따로 얻은 것이 아니다. 무슨 까닭이겠는가? 사람들이 미혹했을 때에는 잃었다 하고 깨달았을 때에는 얻었다 하는데, 얻고 잃는 것은 사람에게 있을지언정 움직임과 고요함에 무슨 관계가 있으랴."

어떤 승려가 물었다.

"부처님들께서 설법하시면 여러 근기를 두루 적시는데, 화상께서 설법하시면 누가 듣습니까?"

此若未會。也只爲迷情所覆。便去不得。迷時卽有質[11]礙。爲對爲待種種不同。忽然惺去亦無所得。譬如演若達多認影爲頭。豈不是擔頭覓頭。然正迷之時頭且不失。及乎悟去亦不爲得。何以故。人迷謂之失。人悟謂之得。得失在於人。何關於動靜。僧問。諸佛說法普潤群機。和尙說法什麽人得聞。

---

11) 質이 원나라본에는 窒로 되어 있다.

대사가 말하였다.

"다만 그대가 듣지 못할 뿐이다."

"어떤 것이 보은의 한 구절입니까?"
"도라는 것은 얻는 것이 아니지…."

"하루 가운데 생각으로 미치지 못하는 곳을 어떻게 행해야겠습니까?"
"그대는 지금 어디에 있는가?"

"조사께서 서쪽으로부터 오셔서 무엇을 들어 제창하셨습니까?"
"청하는 바를 어기지 않았다."

"어떤 것이 일구(一句)입니까?"
"나의 대답이 어찌 그대가 행하는 것만 하겠는가?"

師曰。只有汝不聞。問如何是報恩一句。師曰。道不是得麼。問十二時中思量不到處如何行履。師曰。汝如今在什麼處。問祖師西來如何舉唱。師曰。不違所請。問如何是一句。 師曰。我答爭似汝舉。

"부처님께서는 하나의 큰 인연을 위해 세상에 나오셨는데, 화상께서 세상에 나오신 뜻은 무엇입니까?"
"퍽 좋은 말이다."
"그러면 대중이 신뢰함이 있겠습니다."
"잘못 알지 말라."

問佛為一大事因緣出世。未審和尚出世如何。師曰。恰好。曰恁麼即大眾有賴。師曰。莫錯會。

 토끼뿔

∽ "부처님들께서 설법하시면 여러 근기를 두루 적시는데, 화상께서 설법하시면 누가 듣습니까?" 했을 때

대원은 "쇠말뚝이 듣는다." 하리라.

∽ "어떤 것이 보은의 한 구절입니까?" 했을 때

대원은 "거북털이니라." 하리라.

∽ "그러면 대중이 신뢰함이 있겠습니다." 했을 때

대원은 "본대로만 전하라." 하리라.

금릉(金陵) 보자도량(報慈道場) 문수(文邃) 도사

문수 도사는 항주(杭州) 사람으로 성은 육(陸)씨이다. 강보에 싸였을 적에 부모가 선성(宣城)으로 이사를 갔는데 귀밑머리를 따게 되자 선뜻 학문을 좋아하기 시작하였다. 그리하여 지주(池州)의 승정(僧正)에게 귀의하여 계를 받고, 16세에 제방을 향해 떠나서 선과 교를 두루 익혔다.

일찍이 『수능엄경(首楞嚴經)』 열 권을 열람하여 진(眞)과 망(妄)의 연기(緣起)를 잘 분별하여 본말(本末)을 해박하게 가리고, 이어 문장의 과목을 쳐서 주석을 내니 문구가 분명하고 뚜렷하였다. 공력을 다해 성취하자 정혜(淨慧) 선사를 뵙고 자기가 저술한 것이 경의 뜻에 깊이 부합된다고 말하니, 정혜 선사가 물었다.

金陵報慈道場文邃導師。杭州人也。姓陸氏。乳抱中父母徙家於宣城。鬌丱歲挺然好學。乃禮池州僧正落髮登戒。年十六觀方禪教俱習。嘗究首楞嚴經十軸。甄分眞妄緣起本末精博。於是節科注釋文句交絡。厥功既就。謁於淨慧禪師述己所業。深符經旨。淨慧問曰。

"『능엄경』에 팔환(八還)¹²⁾ 교리가 있지 않는가?"
대사가 대답하였다.
"그렇습니다."
"밝음은 어디로 돌려보내는가?"
"밝음은 해로 돌려보냅니다."
"해는 어디로 돌려보내는가?"
대사가 어리둥절 대답이 없으니 정혜 선사는 대사가 주석한 글을 모두 태우게 하였다. 대사가 이로부터 복종하여 알음알이로 알려는 생각이 비로소 없어졌다.

처음에는 길주(吉州)의 지관(止觀)에 살았는데, 건덕(乾德) 2년에 국왕이 청해 들여 장경(長慶)에 살게 하더니, 다음은 청량(淸涼), 다음은 보자(報慈)의 큰 도량에 살게 하고 뇌음 각해 대도사(雷音覺海大導師)라 불렀으며 다른 이와 달리 예우하였다.

楞嚴豈不是有八還義。師曰。是。曰明還什麼。師曰。明還日輪。曰日還什麼。師懵然無對。淨慧誠令焚其所注之文。師自此服膺請益始忘知解。初住吉州止觀。乾德二年國主延入居長慶。次淸涼次報慈大道場。署雷音覺海大導師。禮待異乎他等。

---

12) 팔환(八還) : 여덟 가지를 여덟 곳으로 돌려보낸다는 팔환변견(八還辯見).

대사가 법상에 올라 대중에게 말하였다.

"하늘 무리와 인간들이 모두가 이것의 은력(恩力)을 계승하였으니, 위엄은 삼계를 누르고 덕화는 4생(生)을 덮는다. 다 함께 타고난 성품인 신령스런 광명으로 모두가 묘한 이치를 이르니, 시방의 모든 부처님들까지 항상 그대들을 정수리에 받든다. 누가 감히 시비하랴. 이 속에서 방편의 문호를 열고, 근기를 따라 교법을 베풀게 되면 이러저러하게 무궁한 경계를 내니, 만일 그를 의지하여 행하면 무엇을 한들 옳지 않으리오. 그러므로 청량(淸凉) 선사(先師)께서 부처란 일 없는 사람이라고 하셨는데, 지금은 일 없는 사람을 찾아도 찾을 수 없구나."

어떤 승려가 물었다.
"숭수(崇壽)의 불법은 지관(止觀)에게 전하셨는데, 지관의 불법은 누구에게 전하였습니까?"

師上堂謂眾曰。天人群生類皆承此恩力。威權三界。德被四生。共稟靈光咸稱妙義。十方諸佛常頂戴。汝誰敢是非及乎。向這裏喚作開方便門。對根設教便有如此如彼。流出無窮。若能依而奉行。有何不可。所以清涼先師道。佛即是無事人。且如今覓箇無事人也不可得。僧問。崇壽佛法付囑止觀。止觀佛法付囑何人。

"그대는 숭수의 불법을 이야기해 봐라."

"산꼭대기 벼랑 끝에도 불법이 있습니까?"
"그대는 무엇을 산꼭대기 벼랑 끝이라 하는가?"

"어떤 것이 도입니까?"
"망상이요, 엎어지고 꺼꾸러진 것이다."

대사가 대중에게 말하였다.
"나는 평생 동안 아무것도 아는 것이 없다. 나날이 마찬가지이다. 비록 이곳에 있지만 인연 따라 살 뿐이요, 오늘의 여러 대중들과 본래 다를 것이 없다."
어떤 승려가 물었다.
"어떤 것이 다른 것이 없는 일입니까?"
"천차만별이니라."

師曰。汝試擧崇壽佛法看。問巔山巖崖還有佛法也無。師曰。汝喚什麼作巔山巖崖。問如何是道。師曰。忘想顚倒。師謂眾曰。老僧平生百無所解。日日一般雖住此間隨緣任運。今日諸上座與本無異。僧問。如何是無異底事。師曰。千差萬別。

승려가 다시 물으니, 대사가 말하였다.
"그만 지껄이고 천차만별이나 알도록 하라."

"어떤 것이 화상의 가풍입니까?"
"방장실의 나무 문짝이다."

"어떤 것이 형상 없는 도량입니까?"
"넷째, 다섯째 서방님의 사당(廟)이니라."

"어떤 것이 취모검(吹毛劒)입니까?"
"국수를 건지는 젓가락이니라."

"어떤 것이 바르고 곧은 한 길입니까?"
"멀고도 멀고, 가깝고도 가까우니라."
"이렇게 가면 어떻습니까?"
"이 딱하고 어리석은 사람아, 이것은 이 험한 길이다."

僧再問。師曰。止止不須說。且會取千差萬別。問如何是和尙家風。師曰。方丈板門扇。問如何是無相道場。師曰。四郞五郞廟。問如何是吹毛劒。師曰。篳篥杖。問如何是正直一路。師曰。遠遠近近。曰便恁麼去時如何。師曰。咄哉癡人此是險路。

금릉(金陵) 보자도량(報慈道場) 문수(文邃) 도사

대사가 어떤 승려에게 물었다.
"어디서 왔는가?"
승려가 말하였다.
"무주(撫州)의 조산(曹山)에서 왔습니다."
"며칠 걸려서 왔는가?"
"7일이 걸렸습니다."
"허다한 산천을 지나왔을 터인데, 어느 것이 그대 자신인가?"
"모든 것입니다."
"중생이 뒤바뀌어 물건을 자기로 아는구나."
"그러면 어떤 것이 참나입니까?"
"모든 것이다."

대사가 또 말하였다.
"여러분이 모두가 지관에서 여름과 겨울을 지냈는데 어떤 것이 참나인가를 깨달은 이가 있는가? 지관이 그대들을 위하여 증명하여 그대들로 하여금 참답게 보도록 해서 삿된 마의 흘림을 받지 않게 하리라."

師問僧。從什麼處來。曰撫州曹山來。師曰。幾程到此。曰七程。師曰。行却許多山林谿澗。何者是汝自己。曰總是。師曰。眾生顛倒認物為己。曰如何是學人自己。師曰。總是。師又曰。諸上座各在止觀經冬過夏。還有人悟自己也無。止觀與汝證明。令汝真見不被邪魔所惑。

"어떤 것이 학인 자신입니까?"
"좋은 대사여, 안목이 퍽이나 분명하구나."

問如何是學人自己。師曰。好箇師僧眼目甚分明。

 토끼뿔

༄ "어떤 것이 다른 것이 없는 일입니까?" 했을 때

대원은 "물 푸르고 하늘도 푸르다." 하리라.

༄ "어떤 것이 형상 없는 도량입니까?" 했을 때

대원은 "형상이다." 하리라.

༄ "어떤 것이 바르고 곧은 한 길입니까?" 했을 때

대원은 "굽은 장대니라." 하리라.

장주(漳州) 나한원(羅漢院) 수인(守仁) 선사

수인 선사는 천주(泉州)의 영춘(永春) 사람이다. 처음에 정혜(淨慧) 선사에게 참문 했다가 나중에 고향으로 돌아와서 동안(東安)의 흥교사(興教寺) 상방원(上方院)에 살았다.
대사가 대중에게 보이고 말하였다.
"다만 지금에 의거할 때 누가 모자란다 하고, 누가 남는다 하겠는가? 비록 그러하나 이것 또한 둘째 도리의 문(門)이다. 그대들이 이 일을 밝게 통달했다면 이것이 하나라 해야 옳은가, 둘이라 해야 옳은가를 자세히 살펴보아야 한다."
어떤 승려가 물었다.
"어떤 것이 조사께서 서쪽에서 오신 분명한 뜻입니까?"
대사가 말하였다.
"지금은 무슨 뜻인가?"

漳州羅漢院守仁禪師。泉州永春人也。初參淨慧。後迴故郡止東安興教寺上方院。示眾曰。只據如今誰欠誰剩。然雖如此猶是第二義門。上座若明達得去。也且是一是二。更須子細看。僧問。如何是祖師西來的的意。師曰。即今是什麼意。

"어떤 것이 열반입니까?"
"생사이니라."
"어떤 것이 생사입니까?"
"아까부터 무엇을 이야기했는가?"

여러 승려가 저녁에 참문을 하니, 대사가 대중에게 말하였다.
"물건 물건마다 본래 처소(處所)가 없건만 두렷이 밝은 달이 마음의 못에 비친다."
그리고는 방장실로 돌아갔다.

대사는 다음에 장주 보은원(報恩院)에 살았는데, 어느 날 대중에게 말하였다.
"보은은 아직 남들과 무엇을 간택하는 말을 일찍이 한 적이 없으나 오늘은 그대들을 위하여 한두 가지 이야기를 간택해 보리라. 즐거이 듣기를 원하는가?

問如何是涅槃。師曰。生死。曰如何是生死。師曰。適來道什麼。僧眾晚參。師謂眾曰。物物本來無處所。一輪明月印心池。便歸方丈。師次住漳州報恩院。謂眾曰。報恩這裏不曾與人揀話。今日與諸上座揀一兩則話。還願樂麼。

여러분, 학의 다리는 기니, 오리의 발은 짧으니, 감초는 다니, 황벽(黃蘗)은 쓰니, 이렇게 간택하면 본래의 뜻에 합당하다 하겠는가? 여러 상좌들이여, 말하지 말라. 혈맥이 통하지 않는 것은 물에 진흙이 막혀 있는 것과 같다. 잘못 알지 말라. 안녕."

어떤 승려가 물었다.
"어떤 것이 서쪽에서 오신 뜻입니까?"
대사가 말하였다.
"무엇을 서쪽에서 온 뜻이라 하겠는가?"
"그렇다면 서쪽에서 왔다는 것도 없겠습니다."
"그대의 입에서 나온 말이다."

"어떤 것이 보은의 가풍입니까?"
"그대가 눈 붙힐 곳도 없다."

諸上座鶴脛長鳧脛短。甘草甜黃蘗苦。恁麼揀辨還愜雅意麼。諸上座莫道血脈不通泥水有隔好。且莫錯會。珍重。僧問。如何是西來意。師曰。喚什麼作西來意。曰恁麼即無西來也。師曰。由汝口頭道。問如何是報恩家風。師曰。無汝著眼處。

"학인이 스님의 가르침을 모르겠으니 방편을 베풀어 주십시오."
"서로 어기는 것은 아닌가?"
"그러한즉 스승의 도움으로써 분명해졌습니다."
"총림에서 많이들 본다."

"어떤 것이 불법의 대의입니까?"
"그대에게 뭐라고 해야겠는가?"

"어떤 것이 무생(無生)의 형상입니까?"
"몸을 버리고 몸을 받는 것이니라."
"그러면 생사에는 허물이 없겠습니다."
"그대가 그렇게 이해할 것으로 짐작했었다."

대사가 또 말하였다.
"사람마다 모두 진리를 갖추었고, 하나하나가 모두 원만하고 항상하다."

問學人未委稟承請師方便。師曰。莫相孤負麼。曰恁麼即有師資之分也。師曰。叢林見多。問如何是佛法大意。師曰。向汝道什麼。問如何是無生之相。師曰。捨身受身。曰恁麼即生死無過也。師曰。料汝恁會。師又曰。人人皆備理一一盡圓常。

"어떤 것이 원만하고 항상한 이치입니까?"
"일이 없다. 잘못 알지 말라."
"그러면 온통 법계이겠습니다."
"교묘히 말하는 것이야 무슨 어려움이 있으랴."

"어떤 것이 세 치 혀로 이를 수 없는 것입니까?"
"그대가 묻고 내가 대답하는 것이니라."

대사가 어떤 승려에게 물었다.
"어디서 왔는가?"
"복주(福州)에서 왔습니다."
"허다한 산을 넘었을 터인데 어느 것이 상좌 자신인가?"
"제가 몸소 복주에서 떠났습니다."
"그렇게 헤아리면서 또 헤아릴 것이 있는가?"
"다시 무엇을 헤아리겠습니까?"
"그대는 말에 떨어졌다."

問如何是圓常之理。師曰。無事不參差。曰恁麼即縱橫法界也。師曰。巧道有何難。問如何是不到三寸。師曰。汝問我答。師問僧。什麼處來。曰福州來。師曰。跋涉如許多山嶺。阿那箇是上座自己。曰某甲親離福州。師曰。恁麼商量別有商量。曰更作麼生商量。師曰。汝話墮也。

"인연에 매하지 않는 것을 스님께서 한 차례 제접해 주십시오."
"무엇을 인연이라 하는가?"
"여쭙지 않고 어찌 의심을 쉬겠습니까?"
"만일 오늘이 아니었더라면 관청에서 쓰는 규칙처럼 될 뻔하였다."

問不昧緣塵請師一接。師曰。喚什麼作緣塵。僧曰。若不伸問焉息疑情。師曰。若不是今日便作官方。

 토끼뿔

∽ "어떤 것이 열반입니까?" 했을 때

대원은 "열반이니라." 하고

"어떤 것이 생사입니까?" 했을 때

대원은 "그런 것이다." 하리라.

∽ "그러한즉 스승의 도움으로써 분명해졌습니다." 했을 때

대원은 "십만팔천리다." 하리라.

∽ "어떤 것이 무생(無生)의 형상입니까?" 했을 때

대원은 "그것이다." 하고

"그러면 생사에는 허물이 없겠습니다." 했을 때

대원은 "흙덩이나 쫓는 자로구나." 하리라.

∽ "어떤 것이 원만하고 항상한 이치입니까?" 했을 때

대원은 "물레방아니라." 하리라.

항주(杭州) 영명사(永明寺) 도잠(道潛) 선사

도잠 선사는 하중부(河中府) 사람으로 성은 무(武)씨이다. 처음에 임천(臨川)에 가서 정혜(淨慧) 선사를 뵈니, 한눈에 뛰어나게 여기어 입실(入室)을 허락하였다.
어느 날 정혜 선사가 물었다.
"그대는 참문 하는 이외에 어떤 경을 보았는가?"
대사가 대답하였다.
"『화엄경』을 보았습니다."
"총·별·동·이·성·괴의 6상(六相)은 어느 법문에 속하는가?"
"글은 십지품(十地品)에 있고, 이치로는 세간과 세간 밖의 일체 법에 모두 이 6상이 갖추어져 있습니다."

杭州永明寺道潛禪師。河中府人也。姓武氏。初詣臨川謁淨慧禪師。一見異之便容入室。一日淨慧問曰。子於參請外看什麼經。師曰。看華嚴經。淨慧曰。總別同異成壞六相。是何門攝屬。師對曰。文在十地品中。據理則世出世間一切法皆具六相。

"공(空)에도 6상이 갖추어졌는가?"

대사가 아찔하여 대답을 못 하니, 정혜 선사가 말하였다.

"그대가 물어라. 내가 대답하리라."

대사가 물었다.

"공에도 6상이 갖추어졌습니까?"

정혜 선사가 말하였다.

"공(空)이다."

대사가 이때에 활연히 깨달아 뛸듯이 좋아하며 절을 하고 감사하니, 정혜 선사가 말하였다.

"그대는 어떻게 알고 있는가?"

"공입니다."

정혜 선사가 옳다고 여겼다.

다음 날 사부대중과 선남선녀가 절에 들어오자, 정혜 선사가 대사에게 물었다.

曰空還具六相也無。師懵然無對。淨慧曰。子却問吾。師乃問曰。空還具六相也無。淨慧曰。空。師於是開悟踊躍禮謝。淨慧曰。子作麼生會。師曰。空。淨慧然之。異日因四眾士女入院。淨慧問師曰。

"율문에 이르기를 '벽을 사이에 두고 가락지 소리를 들어도 파계(破戒)가 된다.'라고 했는데, 버젓이 금과 은이 뒤섞이고 높은 벼슬아치가 들끓는 것을 보면, 이것은 파계인가, 파계가 아닌가?"
대사가 대답하였다.
"들어가기에 썩 좋은 길이군요."
이에 정혜 선사가 말하였다.
"그대는 나중에 오백 대중과 왕후(王侯)의 존중을 받게 되리라."
대사는 곧 절을 하고 물러나서 구주(衢州)의 옛 절에 가서 대장경(大藏經)만을 열람하고 있으니, 충의왕(忠懿王) 전(錢)씨가 서울로 들어오라고 하여 보살계를 받고, 자화 정혜 선사(慈化定慧禪師)라는 호를 바쳤다. 그리고 큰 가람을 지어 혜일 영명(慧日永明)이라 이름하고 대사를 청해 살라 하니, 대사가 말하였다.
"탑 밑에 계신 나한을 새 절에다 모시고 공양하고자 합니다."
왕이 말하였다.

律中道。隔壁聞釵釧聲即名破戒。見覩金銀合雜朱紫騈闐。是破戒不是破戒。師曰。好箇入路。淨慧曰。子向後有五百毳徒。而為王侯所重在。師尋禮辭駐錫於衢州古寺。閱大藏經而已。後忠懿王錢氏命入府受菩薩戒。署慈化定慧禪師。建大伽藍號慧日永明。請居之。師曰。欲請塔下羅漢銅像過新寺供養。王曰。

"좋소. 내가 지난 밤에 꿈을 꾸니, 16존자가 선사를 따라 절로 들어오기를 원하더니 어쩌면 이토록 소상하게 맞습니까?"

그리고는 대사의 호 위에다 응진(應眞)이란 두 글자를 더하였다. 대사가 영명사 대도량에 앉았으니, 항상 오백 대중이 있었다.

대사가 법상에 올라 말하였다.
"불법은 드러난 것이거늘 어째서 알지 못하는가? 여러분이 불법을 알고자 하거든 그저 장삼이사(張三李四)에게 묻고, 세간법을 알고자 하거든 옛 부처님이나 총림에 가서 물어라. 무사하라. 오래 서 있었구나."

어떤 승려가 물었다.
"어떤 것이 영명의 분명한 뜻입니까?"
대사가 말하였다.
"오늘이 15일이니 내일은 16일이니라."

善矣。予昨夜夢十六尊者乞隨禪師入寺。何昭應之若是。仍於師號加應眞二字。師坐永明大道場常五百眾。師上堂謂眾曰。佛法顯然因什麼却不會去。諸上座欲會佛法但問取張三李四。欲會世法則參取古佛叢林。無事久立。僧問。如何是永明的的意。師曰。今日十五明朝十六。

"스님의 분명하신 뜻을 보았습니다."
"어디서 보는가?"

"어떤 것이 영명의 가풍입니까?"
"벌써 상좌는 대답을 들었다."

"삼종병자가 오면 어떻게 지도하십니까?"
"그대는 귀가 먹은 사람이다."
"스님의 방편을 청합니다."
"이것이 방편이다."

"우두가 4조를 보기 전에는 어째서 백 가지 새가 꽃을 물고 왔습니까?"
"동쪽을 보며 서쪽을 보라."
"4조를 본 뒤에는 어째서 꽃을 물고 오지 않았습니까?"

曰覽師的的意。師曰。何處覽。問如何是永明家風。師曰。早被上座答了也。問三種病人如何接。師曰。汝是聾人。曰請師方便。師曰。是方便。問牛頭未見四祖時爲什麼百鳥銜華。師曰。見東見西。曰見後爲什麼不銜華。

"남쪽을 보며 북쪽을 보라."
"옛날에는 어떠하였습니까?"
"우선 오늘을 알라."

"어떤 것이 제2의 달입니까?"
"달이니라."

"어떤 것이 낯을 보는 일입니까?"
"무엇이 등 뒤인가?"

"문수가 칼을 들었으니 누구를 죽이려 하는 것입니까?"
"그쳐라, 그쳐."
"어떤 것이 칼입니까?"
"눈이 그것이다."

師曰。見南見北。曰昔日作麼生。師曰。且會今日。問如何是第二月。師曰。月。問如何是覿面事。師曰。背後是什麼。問文殊仗劍擬殺何人。師曰。止止。曰如何是劍。師曰。眼是。

"다른 것은 묻지 않겠으니, 모든 것을 초월했다는 것마저 세우지 않는 종승의 법도 그만두고, 스님께서 대답하지 않기를 청합니다."
"좋은 승려이로구나."
"그러면 절을 하고 가겠습니다."
"삼배(三拜)는 필요 없다. 모두가 그대의 온통인 삶이게 하라."

하루는 대중이 참문하니, 대사가 향로를 가리키면서 말하였다.
"그대들, 모두 보았는가? 보았거든 일시에 절을 하고 제각기 방으로 돌아가라."
어떤 승려가 물었다.
"지극한 이치는 말이 없으나 말을 빌려서 도를 나타낸다 하니, 어떤 것이 도를 나타내는 말입니까?"
"간택하는 것을 꺼리니라."

問諸餘即不問。向上宗乘亦且置。請師不答。師曰。好箇師僧子。曰恁麼即禮拜去也。師曰。不要三拜盡汝一生去。一日大眾參。師指香鑪曰。汝諸人還見麼。若見一時禮拜各自歸堂。僧問。至道無言借言顯道。如何是顯道之言。師曰。切忌揀擇。

"어떤 것이 지혜로운 해의 상서로운 광명입니까?"

"여기서 보자원이 멀지 않다."

"그러면 광채를 직접 받은 것이겠습니다."

"교섭이 끊어져 기쁘다."

問如何是慧日祥光。師曰。此去報慈不遠。曰恁麼即親蒙照燭也。師曰。且喜沒交涉。

토끼뿔

∽ "어떤 것이 칼입니까?" 했을 때

대원은 "이것이다." 하리라.

∽ "지극한 이치는 말이 없으나 말을 빌려서 도를 나타낸다 하니, 어떤 것이 도를 나타내는 말입니까?" 했을 때

대원은 "말해 주지 않는 것을 말해 봐라." 하리라.

무주(撫州) 황산(黃山) 양광(良匡) 선사

양광 선사는 길주(吉州) 사람이다.
법상에 올라 대중에게 말하였다.
"높은 산봉우리 위의 거친 나물과 밥으로는 여러분 도자(道者)들을 대접할 수 없으니, 오직 금강의 눈동자만이 그대들의 참 마음을 깨닫게 하는데 큰 도움이 될 것이다. 만일 이를 안다면 능히 무명의 어둠을 부수겠지만, 알지 못한다면 참으로 무너뜨릴 수 없는 것이다."
그리고는 바로 방장실로 돌아갔다.

어떤 승려가 물었다.
"어떤 것이 황산의 가풍입니까?"
대사가 말하였다.
"그대의 콧구멍을 막아 버려라."

撫州黃山良匡禪師。吉州人也。上堂謂眾曰。高山頂上空蔬飯無可祇待。諸道者。唯有金剛眼睛憑助汝發明真心。汝若會得能破無明黑暗。汝若不會真箇不壞。便起歸方丈。僧問。如何是黃山家風。師曰。築著汝鼻孔。

"어떤 것이 물건이 바뀌지 않는 이치입니까?"
"봄·여름·가을·겨울이니라."

"어떤 것이 열반문으로 가는 한 길입니까?"
"그대가 종승 가운데 한 구절을 묻는 그것이 어찌 아니겠는가?"
"그러면 이러쿵저러쿵 말아야겠습니다."
"이러쿵저러쿵 말아야 좋다."

"뭇 별이 달을 둘러쌀 때는 어떠합니까?"
"무엇을 달이라 하는가?"
"그것이면 되지 않겠습니까?"
"그것이라는 것이 무엇인가?"
"대(臺)에 지금 밝은 거울인데 삼라만상이 어째서 나타나지 않습니까?"
"어디가 대(臺)인가?"

問如何是物不遷義。師曰。春夏秋冬。問如何是一路涅槃門。師曰。汝問宗乘中一句豈不是。曰恁麼即不哆哆。師曰。莫哆哆好。問眾星攢月時如何。師曰。喚什麼作月。曰莫即這箇便是也無。師口。這箇是什麼。問明鏡當臺森羅為什麼不現。師曰。那裏當臺。

"곧 지금 어찌해야 하겠습니까?"
"또 나타내지 못했다 하리라."

"어떤 것이 선(禪)입니까?"
"삼계에 가득 찼다."
"어떤 것이 도입니까?"
"사생(四生)이 넓고 넓다."

曰爭奈即今何。師曰。又道不現。問如何是禪。師曰。三界綿綿。曰如何是道。師曰。四生浩浩。

 토끼뿔

∽ "어떤 것이 물건이 바뀌지 않는 이치입니까?" 했을 때

대원은 "언제 바뀌었더냐?" 하리라.

∽ "어떤 것이 열반문으로 가는 한 길입니까?" 했을 때

대원은 "아닌 것이나 말해 봐라." 하리라.

항주(杭州) 영은산(靈隱山) 청용(淸聳) 선사

청용 선사는 복주(福州) 복청현(福淸縣) 사람이다.
어느 날 정혜 선사가 빗방울을 가리키면서 말하였다.
"방울방울이 그대의 눈 속에 떨어진다."
대사가 처음에는 그 뜻을 알지 못하다가 나중에 『화엄경』을 보다가 깨닫고 정혜 선사의 인가를 받았다. 그리고는 명주(明州)로 돌아와서 사명산(四明山)에다 암자를 지으니, 절도사(節度使)인 전억(錢億)이 스승의 예로써 섬기었다.
충의왕(忠懿王)이 임천과 안주 두 곳에서 법문을 열라고 청하였는데, 나중에 영은사에 살 때에는 요오 선사(了悟禪師)라는 호를 봉하였다.

杭州靈隱山清聳禪師。福州福淸縣人也。初參淨慧。一日淨慧指雨謂師曰。滴滴落上座眼裏。師初不喻旨。後因閱華嚴經感悟。承淨慧印可。迴止明州四明山卓庵。節度使錢億。執師事之禮。忠懿王命於臨安兩處開法。後居靈隱上寺署了悟禪師。

대사가 법상에 올라 대중에게 보이고 말하였다.

"시방의 모든 부처님들이 항상 그대들의 앞에 있다. 보았는가? 보았다면 마음으로 보았는가, 눈으로 보았는가? 그러기에 이르기를 '일체 법은 나지도 않고 멸하지도 않는다.'라고 하였다. 만일 이러-히 알면 부처님들이 항상 앞에 나타나리라."

또 말하였다.

"색(色)을 보면 곧 마음을 본 것이라고 하니, 어떤 것을 마음이라 하겠는가? 산하대지와 삼라만상과 청·황·적·백과 남·녀 등의 형상이 마음인가, 마음이 아닌가? 마음이라면 어째서 형상을 이루게 되었으며, 마음이 아니라 한다면 색을 보면 곧 마음을 본 것이라 하겠는가? 알겠는가? 오직 이것에 분명하지 못해 뒤바뀜을 이루어서 갖가지로 같지 않게 되어, 같고 다름이 없는 가운데서 같고 다르다는 생각이 굳어져서 생긴 것이다.

師上堂示眾曰。十方諸佛常在汝前。還見麼。若言見將心見將眼見。所以道。一切法不生一切法不滅。若能如是解諸佛常現前。又曰。見色便見心。且喚什麼作心。山河大地萬象森羅青黃赤白男女等相。是心不是心。若是心為什麼却成物象去。若不是心又道見色便見心。還會麼。只為迷此而成顛倒種種不同。於無同異中強生同異。

만일 지금이라도 당장 바로 알아 본 마음을 활짝 깨달으면 훤하게 한 물건도 보고 들을 것이 없으련만, 만일 마음을 떠나서 따로 해탈을 구하는 이가 있다면 이들은 옛사람이 도리어 물결에 미혹되어 근원을 찾으려는 사람이라고 했으니 끝내 깨닫기 어렵다."

어떤 이가 물었다.
"육근과 육진이 모두 끊어졌는데, 어째서 이변과 사변이 밝혀지지 않습니까?"
대사가 말하였다.
"이변과 사변은 그만두고, 무엇을 육근과 육진이 모두 끊어졌다 하는가?"

"어떤 것이 관음의 제일의입니까?"
"틀렸다."

且如今直下承當頓豁本心。皎然無一物可作見聞。若離心別求解脫者。古人喚作迷波討源。卒難曉悟。問根塵俱泯爲什麼事理不明。師曰。事理且從。喚什麼作俱泯底根塵。問如何是觀音第一義。師曰。錯。

"무명의 실제 성품이 곧 불성이라 하니, 어떤 것이 불성입니까?"
"무엇을 무명이라 하는가?"

"어떤 것이 화상의 가풍입니까?"
"옛과 지금을 꿰뚫는다."

"묻지도 않고 대답하지도 않을 때에는 어떠합니까?"
"잠꼬대는 해서 무엇 하리오."

"어떤 것이 산꼭대기 바위 언덕에 있는 불법입니까?"
"산꼭대기 바위 언덕은 무엇 하려는가?"

"우두가 4조를 보기 전에는 어떠합니까?"
"푸른 산과 깊은 물이니라."
"본 뒤에는 어떠합니까?"
"깊은 물과 푸른 산이니라."

問無明實性即佛性。如何是佛性。師曰。喚什麼作無明。問如何是和尚家風。師曰。亘古亘今。問不問不答時如何。師曰。寐語作麼。問如何是巓山巖崖裏佛法。師曰。用巓山巖崖作麼。問牛頭未見四祖時如何。師曰。青山綠水。曰見後如何。師曰。綠水青山。

대사가 어떤 승려에게 물었다.
"그대가 불법을 아는가?"
승려가 말하였다.
"모릅니다."
"그대는 분명히 모르는가?"
"그렇습니다."
"그러면 갔다가 다음에 오라."
그 승려가 인사를 하니, 대사가 말하였다.
"그런 도리가 아니다."

어떤 승려가 물었다.
"어떤 것이 마하반야입니까?"
"눈이 망망(茫茫)하게 내린다."
승려가 말이 없으니, 대사가 말하였다.
"알겠는가?"
"모르겠습니다."

師問僧。汝會佛法麼。曰不會。師曰。汝端的不會。曰是。師曰。且去待別時來。其僧珍重。師曰。不是這箇道理。問如何是摩訶般若。師曰。雪落茫茫。僧無語。師曰。會麼。曰不會。

대사는 이에 게송을 읊었다.

마하반야는
취할 수도 버릴 수도 없으니
사람들이 알지 못한다면
눈 쌓인 날 찬바람일세

師遂有頌曰。
摩訶般若
非取非捨
若人不會
風寒雪下

 토끼뿔

∽ "어떤 것이 관음의 제일의입니까?" 했을 때

대원은 "그 말이 어디서 이루어졌는가?" 하리라.

∽ "무명의 실제 성품이 곧 불성이라 하니, 어떤 것이 불성입니까?" 했을 때

대원은 "나비는 꽃에 앉고 매미는 나무에 붙는다." 하리라.

∽ "묻지도 않고 대답하지도 않을 때에는 어떠합니까?" 했을 때

대원은 "묻는 것도 대답도 없다." 하리라.

∽ "어떤 것이 산꼭대기 바위 언덕에 있는 불법입니까?" 했을 때

대원은 "아닌 것을 말해 봐라." 하리라.

금릉(金陵) 보은원(報恩院) 현칙(玄則) 선사

현칙 선사는 활주(滑州) 위남(衛南) 사람이다.
처음에 청봉(靑峯)에게 물었다.
"어떤 것이 부처입니까?"
청봉이 말하였다.
"병정동자(丙丁童子)가 불을 얻으러 왔구나."
대사가 이 말을 마음속에 간직하고 있다가 정혜(淨慧) 선사를 뵈니, 정혜 선사가 그의 깨달은 경지를 따져 물었다.
이에 대사가 대답하였다.
"병정은 원래 불인데 다시 불을 얻으러 왔다고 하시니, 마치 제가 부처를 가지고 있으면서 부처를 물은 것에 비유한 것인가 합니다."
이에 정혜 선사가 말하였다.

金陵報恩院玄則禪師。滑州衛南人也。初問靑峯[13]。如何是佛[14]。靑峯曰。丙丁童子來求火。師得此語藏之於心。及謁淨慧。淨慧詰其悟旨。師對曰。丙丁是火而更求火。亦似玄則將佛問佛。淨慧曰。

---

13) 靑峯이 원나라본 주에는 白兆로 되어 있다.
14) 佛이 원나라본 주에는 自己로 되어 있다.

"몇 번이나 놓쳤던가. 원래 잘못 알고 있었다."

대사는 이런 깨우침을 받았지만 여전히 의심이 풀리지 않았다. 다시 물러나와 곰곰이 생각했으나 현묘한 이치는 끝내 깨닫지 못하였다. 그리하여 정성을 기울여 물으니, 정혜 선사가 말하였다.

"그대가 다시 물어라. 대답해 주리라."

이에 대사가 물었다.

"어떤 것이 부처입니까?"

정혜 선사가 말하였다.

"병정동자가 불을 얻으러 왔다."

대사가 가없이 이러-함에 돌아가 알고 나서 후에 보은원에 살았다.

대사가 법상에 올라 대중을 둘러보면서 말하였다.

"좋은 화두이거늘 헤아려 묻는 이가 없구나. 그러므로 옛사람이 세 차례나 부르는 수고를 하게 했다.

幾放過元來錯會。師雖蒙開發頗懷猶豫。復退思既殆莫曉玄理。乃投誠請益。淨慧曰。汝問我與汝道。師乃問。如何是佛。淨慧曰。丙丁童子來求火。師豁然知歸。後住報恩院。師上堂顧視大眾曰。好箇話頭只是無人解問得。所以勞他古人三度喚之。

여러분들은 남에게 부르는 수고를 끼치지 말라. 이것은 그만두고, 옛사람의 뜻이 무엇이던가? 설명할 수 있겠는가? 천 부처님이 나타나도 털끝만큼도 늘지 않고, 육도에서 윤회한다 하여도 털끝만큼도 줄지 않는다. 분명하고 상세하게 드러나 털끝만큼도 가려진 것이 없다.

옛사람이 말하기를 '가는 털끝만큼이라도 있기만 하면 이는 곧 티끌이다.'라고 했는데, 지금 온갖 형상이 우뚝우뚝 있거늘 어떻게 없애겠는가? 그대들이 만일 이를 없애지 못한다면 그대로 범부의 경계이리라. 하지만 순박하고 진실한 말이라고 혐오하지도 말고 또 조사와 부처님의 말에 집착하였다고 혐오하지도 마라. 무슨 까닭이겠는가? 조사와 부처의 말씀을 보았으면 곧 초월하였다고 하기 때문이다.

만약 이렇게 안다해도 전혀 교섭할 길이 없으니 반드시 자세히 살펴야 한다.

諸人即不勞他喚也。此即且從古人意作麼生。還說得麼。千佛出世亦不增一絲毫。六道輪迴也不減一絲毫。皎皎地現無絲頭翳礙。古人道。但有纖毫即是塵。且如今物象嶷然地。作麼生消遣[15]。汝若於此消遣不得。便是凡夫境界。然也莫嫌朴實說話。也莫嫌說著祖佛。何以故。見說祖佛便擬超越去。若恁麼會大沒交涉。也須子細詳究看。

---

15) 遣이 원나라본에는 遣得으로 되어 있다.

보지 못했는가? 옛 대덕들이 생사를 여의는 공부를 궁구할 때 또한 머리를 깎고 손톱을 깎을 시간도 없다고 하였다. 지금 보기에는 너무도 따라 하기가 힘들게 보인다."
어떤 이가 물었다.
"분명하고 분명하게 불성을 본다 하니 어떤 것이 불성입니까?"
대사가 말하였다.
"말하고 싶지 않다."

"어떤 것이 금강대사(金剛大士)입니까?"
"보았는가?"

"어떤 것이 여러 성현들의 밀밀(密密)한 곳입니까?"
"마땅히 자기 자신에게서 스스로 알아야 한다."

"어떤 것이 화상의 밀밀한 곳입니까?"
"그대가 알 때를 기다리겠다."

不見他古德究離生死。亦無剃頭剪爪工夫。如今看見大難繼續。問了了見佛性如何是佛性。師曰。不欲便道。問如何是金剛大士。師曰。見也未。問如何是諸聖密密處。師曰。却須會取自己。曰如何是和尚密密處。師曰。待汝會始得。

대사가 대중에게 말하였다.

"여러 상좌들이여, 모두에게 항상 둥근 달이 있고, 제각기 값진 보배를 품고 있다. 그러나 달이 구름 속에 있으면 밝아도 비치지 못하고, 지혜가 미혹 속에 숨어 있으면 참되지만 통하지 못한다. 무사하라. 너무 오래 서 있었다."

어떤 이가 물었다.

"어떤 것이 부동존(不動尊)[16]입니까?"

대사가 말하였다.

"이리저리 날아다니는 것이다."

"어떤 것이 분명히 깨달은 한 구절입니까?"

"그대에게 대답하기에 무슨 어려움이 있으랴."

"그렇게 말한다면 곧 이것이 또한 없다고도 마십시오."

"대답하지 않은들 무슨 어려움이 있겠는가?"

師謂眾曰。諸上座盡有常圓之月。各懷無價之珍。所以月在雲中雖明而不照。智隱惑內雖真而不通。無事久立。問如何是不動尊。師曰。飛飛颶颶。問如何是了然一句。師曰。對汝又何難。曰恁麼道莫便是也無。師曰。不對又何難。

---

[16] 부동존(不動尊) : 부동명왕. 일체의 악마를 굴복시키는 명왕으로 보리심이 흔들리지 않는다 하여 이렇게 이른다.

"화상의 이렇게 일러주심에 깊이 깨달았습니다."
"그대는 내가 무슨 말을 하였다 하는가?"

"죽은 승려가 떠나서 어디로 갔습니까?"
"그대가 태어나거든 이야기하리라."
"객과 주인이 분명합니다."
"그대가 서 있는 자리에서 죽은 승려를 보라."

"어떤 것이 학인의 본래 마음입니까?"
"그대가 일찍이 이르지 않았느냐?"
"일렀다면 어찌 체득해 안 것이겠습니까?"
"그대가 묻기만을 기다렸다."

"경전에 이르기를 '나무에 과일이 열리어 파려(玻瓈)[17]의 빛이 난다.'라고 하니, 이 과일은 누가 먹습니까?"

曰深領和尙恁麼道。師曰。汝道我道什麼。問亡僧遷化向什麼處去也。師曰。待汝生卽道。曰賓主歷然。師曰。汝立地見亡僧。問如何是學人本來心。師曰。汝還曾道著也未。曰只如道著如何體會。師曰。待汝問始得。問教中有言。樹能生果作玻瓈色。未審此果何人得喫。

---

17) 파려(玻瓈) : 수정과 비슷한 일곱 보석 중의 하나.

"나무가 어디서 왔는가?"
"학인도 자격이 있겠습니까?"
"과일과의 거리가 팔만사천리로구나."

"어떤 것이 옮기지 않는 것입니까?"
"강과 개울이 앞을 다투어 흐르고, 해와 달이 빙글빙글 돈다."

"종승 가운데 현묘한 경지를 한 말씀 해 주십시오."
"그대가 행각을 시작한 지 얼마나 되는가?"
"도반을 만난 적도 없습니다."
"잠꼬대 하지마라."

　　師曰。樹從何來。曰學人有分。師曰。去果八萬四千。問如何是不遷。師曰。江河競注日月旋流。問宗乘中玄要處請師一言。師曰。汝行脚來多少時也。曰不曾逢伴侶。師曰。少瞌睡。

 토끼뿔

◌ "어떤 것이 금강대사(金剛大士)입니까?" 했을 때

대원은 "늦가을 국화머리 나비니라." 하리라.

◌ "어떤 것이 여러 성현들의 밀밀(密密)한 곳입니까?" 했을 때

대원은 "말한 곳일세." 하리라.

금릉(金陵) 보자도량(報慈道場) 현각(玄覺) 행언(行言) 도사

행언 도사는 천주(泉州) 진강(晋江) 사람으로 정혜(淨慧) 선사에게 법을 얻었다.

법상에 올라 보이고 대중에게 말하였다.

"행각하는 사람들이 선지식을 뵙고 총림에 이르러 발우와 정병을 내려놓으면 가히 보살도를 행하여 장한 일을 마쳤다 하리라. 무엇 때문에 다시 여기에 와서 진여와 열반을 이야기하리오. 이것도 때 아닌 이야기이다.

그러나 옛사람이 말하기를 '마치 모래를 헤쳐 보배를 찾는데 모래가 다하면 순금은 자연히 나타나는 것과 같이 세간에 상주하여 승보(僧寶)를 구족하게 한다.'라고 하였다.

金陵報慈道場玄覺導師行言。泉州晉江人也。得法於淨慧禪師。上堂示眾曰。凡行脚人參善知識。到一叢林放下瓶鉢。可謂行菩薩之道能事畢矣。何用更來這裏舉論真如涅槃。此是非時之說。然古人有言。譬如披沙識寶。沙礫若除真金自現。便喚作常住世間具足僧寶。

또 한 맛의 비가 똑같은 땅에 뿌려져서 만물을 자라게 하나, 크고 작음이 같지 않고 달고 씀이 서로 다른 것과도 같으니, 땅이나 비에 크고 작은 이름이 있다고 말할 수 없다.

그러므로 모나면 모나게 나타내고 둥글면 둥글게 나타내니, 무슨 까닭이겠는가? 법은 본래 치우치고 바른 것도 없어서 형상을 따라 나타내기 때문이다. 이를 일러 색신인 경계를 대하면 색신을 나타낸다 하니, 보았는가? 보지 못했거든 한가히 앉아 있지 말라."

어떤 이가 물었다.
"어떤 것이 조사께서 서쪽에서 오신 뜻입니까?"
대사가 말하였다.
"물음이 옳지 못하다."

"시비의 경계에 앉아서 어찌하여야 본래의 사람과 하나가 되겠습니까?"
"그대는 어떻게 앉아 있는가?"

亦如一味之雨。一般之地生長萬物。大小不同甘辛有異。不可道地與雨有大小之名也。所以道。方即現方圓即現圓。何以故。法爾無偏正。隨相應現。喚作對現色身。還見麼。若不見也莫閑坐地。問如何是祖師西來意。師曰。此問不當。問坐却是非如何合得本來人。師曰。汝且作麼生坐。

강남의 국왕이 새로이 보자도량(報慈道場)을 세우고 대사에게 종지를 크게 드날리라 하니, 대중이 2천여 명이나 모였고 따로 도사의 호를 추가로 봉하였다.

대사가 대중에게 말하였다.

"오늘 영웅과 현인들이 함께 모이고 바다같이 많은 대중이 다 모였으니 불법의 뜻이 갖춰지지 않은 이가 없는 줄로 믿는다. 만일 영특한 사람이라면 말을 기다릴 것 없다. 이런 말도 본래 없는 것이거늘 어찌 잠자코 있다고는 하랴.

그러므로 삼라만상과 부처님들의 가없는 근원이 밝게 드러나 해인(海印)의 광명이 나타났건만, 어두워져 매하여 미혹한 망정에 스스로 속고 있는 것이다.

江南國主新建報慈大道場。命師大闡宗猷。海會二千餘眾。別署導師之號。師謂眾曰。此日英賢共會海眾同臻。諒惟佛法之趣無不備矣。若是英鑒之者。不須待言也。然言之本無何以默矣。是以森羅萬象諸佛洪源。顯明則海印光澄。冥昧則情迷自惑。

진실로 마음을 통달한 상등의 선비나 격조 높은 사람이 아니면 어찌 티끌 속에서 묘한 극치를 드날리고, 물상(物象)을 거두었다 나타냈다 하며, 삼라만상을 놓았다 빼앗았다 하리오.

보임에 나도 남이 없고, 응함에 멸해도 멸함 없어서 생멸을 훤출히 마쳐서 여의어야 비로소 참되고 항상하다 한다. 말이 거짓되면 그림자가 천 가닥으로 흩어지고, 말이 참되면 온통 비어 자취마저 끊기었는데, 어찌 있고 없음과 나고 멸함으로 계교하겠는가?"

어떤 이가 물었다.

"국왕께서 두 번째 설법을 청하신 뜻은 선왕(先王)을 천도하기 위한 것인데, 화상께서는 오늘 어떻게 들어 제창하시겠습니까?"

대사가 말하였다.

"그대는 다시 제창할 것을 청해 물을 사람이 못된다."

"그러면 천상과 인간에서 이보다 나은 것이 없겠습니다."

"교섭할 길이 없구나."

苟非通心上士逸格高人。則何以於諸塵中。發揚妙極卷舒物象。縱奪森羅示生非生應滅非滅。生滅洞已乃曰真常。言假則影散千途。論真則一空絕迹。豈可以有無生滅而計之者哉。問國王再請蓋特薦先朝。和尚今日如何舉唱。師曰。汝不是問再唱人。曰恁麼即天上人間無過此也。師曰。勿交涉。

"멀리서 스님께 왔으니 한 번 제접해 주십시오."
"옛 곳에 가서 의지하라."

問遠遠投師請垂一接。師曰。却依舊處去。

토끼뿔

∽ "시비의 경계에 앉아서 어찌하여야 본래의 사람과 하나가 되겠습니까?" 했을 때

대원은 "방하착하라." 하리라.

∽ "국왕께서 두 번째 설법을 청하신 뜻은 선왕(先王)을 천도하기 위한 것인데, 화상께서는 오늘 어떻게 들어 제창하시겠습니까?" 했을 때

대원은 선장(禪杖)을 세워 보이리라.

금릉(金陵) 정덕도량(淨德道場) 달관(達觀) 지균(智筠) 선사

지균 선사는 하중부(河中府) 사람으로 성은 왕(王)씨이다. 어린 나이에 속세를 버리고 보구사(普救寺)의 고(杲) 대사를 의지하여 머리를 깎고, 나이가 들어 구족계를 받았다.

제방으로 다니다가 무주(撫州)의 용제(龍濟)에 가서 수산주(修山主)를 뵙고 오랫동안 가까이 모셨으나 인연이 맞지 않았다. 나중에 금릉 보은도량에 가서 정혜(淨慧) 선사를 만나 현묘한 이치를 단박에 깨달았다. 그 뒤에는 여산(廬山)의 서현사(棲賢寺)에서 살았다.

법상에 올라 대중에게 말하였다.
"위로부터 여러 성인의 방편문이 적지 않으나 대체로 여러 어진 이들을 깨닫게 하기 위한 것뿐이다.

金陵淨德道場達觀禪師智筠。河中府人也。姓王氏。弱齡邁俗。依普救寺杲大師披削。年滿受具。始遊方謁撫州龍濟修山主。親附久之機緣莫契。後詣金陵報恩道場。參淨慧頓悟玄旨。後住廬山棲賢寺。師上堂謂眾曰。從上諸聖方便門不少。大底只要諸仁者有箇見處。

비록 깨닫지 못했다 할지라도 털끝만큼도 어긋남이 없으며, 여러 어진 이들도 털끝만큼도 등진 것이 없다. 무슨 까닭이겠는가? 훤하게 드러났기 때문이다. 지금에 당장 깨닫기에 아무런 힘들 것이 없는데 다시 깨닫기를 요하랴. 설사 비로자나의 스승이 있고, 법신의 주인이 있다 하여도 기틀을 대하여 때로는 억누르고 때로는 드날려 베풀어 설한 것일 뿐이다.

여러분은 대하는 도리를 어떻게 알고 있는가? 만일 안다 하여도 부처님의 말씀을 의심하지도 말고, 조사도 소중히 여기지도 말라. 바로 자기의 안목이 밝은 것 뿐이다."

어떤 승려가 물었다.
"어떤 것이 명확하고 명확한 말씀입니까?"
대사가 말하였다.
"무엇이라 했는가?"

然雖未見且不參差一絲髮許。諸仁者亦未嘗違背一絲髮許。何以故。烜赫地顯露。如今便會取。更不費一毫氣力。還省要麼。設道毘盧有師法身有主。斯乃抑揚對機施設。諸仁者作麼生會對底道理。若也會且莫嫌他佛語。莫重祖師。直下是自己眼明始得。僧問。如何是的的之言。師日。道什麼。

"열심히 찾아도 깨닫지 못할 때는 어떠합니까?"
"무엇을 찾기에 찾지 못했다 하는가?"

"어떤 것이 조사의 뜻입니까?"
"조사의 뜻은 무엇 하려는가?"

"오늘 아침 멀리서부터 상서로운 기가 드러났는데, 그 참다운 뜻은 누구를 위하여 온 것입니까?"
"대중이 모두 그대가 이렇게 묻는 것을 본다."

건덕(乾德) 3년에 강남의 국왕이 대사의 덕화를 앙모하여 북원(北苑)에다 큰 도량을 지어 정덕(淨德)이라 이름하고 살기를 청한 뒤에 대선사의 호를 바쳤다.
대사가 법상에 올라 대중에게 말하였다.

問紛然覓不得時如何。師曰。覓箇什麼不得。問如何是祖師意。師曰。用祖師意作什麼。問今朝呈遠瑞正意爲誰來。師曰。大眾盡見汝恁麼問。乾德三年江南國主仰師道化。於北苑建大道場曰淨德。延請居之。署大禪師之號。上堂謂眾曰。

"대개 근원을 따르고자 하면 반드시 최상근기라야 비로소 깨달음을 이루게 된다. 중하근기는 받아들이기 쉽지 않다. 무슨 까닭이겠는가? 불법은 마음이나 뜻이나 의식의 경계가 아니기 때문이다.

상좌들이여, 그렇게 경솔히 하지 말라. 저 옛사람이 말하기를 '사문의 눈은 선정의 세계라, 하늘 땅을 삼켜서 털끝만한 틈도 없다.'라고 하였다. 그러므로 모든 부처님들이 찬탄하여도 찬탄이 미치지 못하고 비유하여도 비유가 미치지 못한다.

그대들의 위광이 혁혁하고 고금을 관통하여 다행히 이와 같은 가풍이 있건만 왜 계승하지 못하는가? 무엇 때문에 스스로가 못난 체하여 헛된 수고를 하면서 끝내 깨닫지 못하는가?

이렇기 때문에 모든 부처님들이 세상에 나타나시고, 이렇기 때문에 모든 부처님들이 열반에 드신다고 외치시고, 이렇기 때문에 조사께서 특별히 서쪽에서 오셨다."

夫欲慕道。也須上上根器始得。造次中下不易承當。何以故。佛法非心意識境界。上座莫恁麼儓摋地。他古人道。沙門眼把定世界函蓋乾坤。綿綿不漏絲髮。所以諸佛讚歎讚歎不及。比喻比喻不及。道上座威光赫奕亘古亘今。幸有如是家風何不紹續取。為什麼自生卑劣。枉受辛勤不能曉悟。只為如此所以諸佛出興於世。只為如此所以諸佛唱入涅槃。只為如此所以祖師特地西來。

어떤 승려가 물었다.
"성인들이 모두 불이법문(不二法門)에 들었는데, 어떤 것이 불이법문입니까?"
대사가 말하였다.
"다만 이렇게 들었느니라."
"그러면 옛이나 지금이나 같이 그렇겠습니다."
"그대는 어느 곳에서 같다고 하는가?"

"어떤 것이 불법의 대의입니까?"
"딱 마침 물었구나."

"그러면 학인은 절을 해야 되겠습니다."
"그대는 어떻게 알고 있는가?"

"어떤 것이 부처입니까?"
"어느 것이 아니겠느냐?"

僧問。諸聖皆入不二法門。如何是不二法門。師曰。但恁麼入。曰恁麼即今古同然去也。師曰。汝道什麼處是同。問如何是佛法大意。師曰。恰問著。曰恁麼即學人禮拜也。師曰。汝作麼生會。問如何是佛。師曰。如何不是。

대사가 다시 대중에게 말하였다.

"나는 바위 골짜기에 몸을 던지거나 저자 거리에 자취를 감추지 못하고 도리어 궁정에 출입하면서 군왕을 번거롭게 했으니 나의 허물이다."

그리하여 자주 옛 산으로 돌아가려 하니 국왕이 오봉산에 서현난야(棲玄蘭若)를 하사하였다. 개보(開寶) 2년 8월 17일에 앉아서 입적하니, 수명은 64세이고, 법랍은 44세였다.

師復謂眾曰。吾不能投身巖谷滅迹市鄽而出入禁庭以重煩世主。吾之過也。遂屢辭歸故山。國主錫以五峯棲玄蘭若。開寶二年八月十七日安坐告寂。壽六十四。臘四十四。

 토끼뿔

◌ "어떤 것이 명확하고 명확한 말입니까?" 했을 때

대원은 "더 이상 명확할 수는 없다." 하리라.

◌ "열심히 찾아도 깨닫지 못할 때는 어떠합니까?" 했을 때

대원은 손가락을 세워 보이면서 "찾을 것이겠느냐?" 하리라.

◌ "오늘 아침 멀리서부터 상서로운 기가 드러났는데, 그 참다운 뜻은 누구를 위하여 온 것입니까?" 했을 때

대원은 "목마를 거꾸로 타고 든 궁 안의 광명이다." 하리라.

고려(高麗) 도봉산(道峯山) 혜거(慧炬) 국사

혜거 국사는 처음에 정혜(淨慧) 선사에게 법을 얻었는데 본국의 왕이 사모하여 사신을 보내서 오라고 청하므로 본국으로 돌아갔다. 본국의 왕이 마음의 법문을 듣고 예로써 더욱 공경하였다.

어느 날 왕궁에 청을 받고 들어가 법상에 올라 위봉루(威鳳樓)를 가리켜 보이면서 대중에게 말하였다.

"위봉루가 여러 상좌들을 위해 벌써 다 거량을 마쳤다. 여러분, 알겠는가? 만일 알았다면 어떻게 알았는가? 모른다 하면 위봉루를 어째서 모르는가? 안녕."

대사의 설법은 중국에 퍼지지 않았고 그의 임종도 알려지지 않았다.

高麗道峯山慧炬國師。始發機於淨慧之室。本國主思慕遣使來請。遂迴故地。國主受心訣禮待彌厚。一日請入王府上堂。師指威鳳樓示眾曰。威鳳樓為諸上座舉揚了。諸上座還會麼。儻若會且作麼生會。若道不會威鳳樓作麼生不會。珍重。師之言教未被中華。亦莫知所終。

 토끼뿔

"위봉루가 여러 상좌들을 위해 벌써 다 거량을 마쳤다. 여러분, 알겠는가? 만일 알았다면 어떻게 알았는가? 모른다 하면 위봉루를 어째서 모르는가? 안녕." 했을 때

대원은 "알았다 하더라도 십만팔천리일세." 하리라.

금릉(金陵) 청량(淸涼) 법등(法燈) 태흠(泰欽) 선사

태흠 선사는 위부(魏府) 사람으로 태어날 때부터 도를 알았고 변재가 막힘이 없었다.

정혜(淨慧) 선사에게 입실하니 많은 대중이 몰려와서 모두 말하기를 '영민한 종장'이라고 하였다. 처음에 청을 받아 홍주(洪州) 유곡산(幽谷山)의 쌍림원(雙林院)에 살았다.

법상에 올라 자리에 앉기 전에 말하였다.

"이 산은 지난 세대에 한 두 존숙이 일찍이 설법하시던 곳이다. 이 자리가 높고 넓거늘 못난 내가 어찌 오르랴. 옛말에 수미등왕여래(須彌燈王如來)께 절을 해야 앉을 수 있다고 했으니, 말해 봐라. 수미등왕은 지금 어디에 계시는가? 대중은 뵙고자 하는가? 함께 절을 하자."

金陵淸涼法燈禪師泰欽。魏府人也。生而知道辯才無礙。入淨慧之室海眾歸之。僉曰敏匠。初受請住洪州幽谷山雙林院。上堂未陞座乃曰。此山先代一二尊宿曾說法來。此座高廣不才何陞。昔古有言。作禮須彌燈王如來乃可得坐。且道須彌燈王如來今在何處。大眾要見麼一時禮拜。

그리고는 곧 자리에 앉아 말없이 보이고 말하였다.
"대중을 위한다는 것은 이것뿐이다. 알았는가?"

어떤 승려가 물었다.
"어떤 것이 쌍림의 경지입니까?"
대사가 말하였다.
"그리려 하여도 그릴 수 없다."
"어떤 것이 경지 안의 사람입니까?"
"물러가거라."
또 말하였다.
"경지도 모르면서 사람을 찾는가?"

"한 부처님께서 세상에 나타나시면 온 누리가 진동한다 하였는데, 화상께서 세상에 나오실 때에는 어디가 진동했습니까?"
"어디서 진동하는 것을 보았는가?"

師便陞座良久曰。爲大眾只如此。也還有會處麼。僧問。如何是雙林境。師曰。畫也不成。曰如何是境中人。師曰。且去。又曰。境也未識且討人。問一佛出世震動乾坤。和尚出世震動何方。師曰。什麼處見震動。

"그렇지만 지금을 어찌하겠습니까?"
"오늘 무슨 일이 있었는가?"

어떤 승려가 나와서 절을 하니, 대사가 말하였다.
"도자여, 전번에 그대가 나를 청해 주어서 고맙네. 그러나 나는 무엇을 그대에게 주어야 좋겠는가?"
승려가 질문을 하려는데, 대사가 말하였다.
"서로 아는 사이인줄 알았더니 역시 모르는구나."

"어떤 것이 서쪽에서 오신 비밀한 뜻입니까?"
"괴롭다."

"한 부처님께서 세상에 나타나시면 뭇 중생을 널리 이롭게 하시는데, 화상께서 세상에 나타나셔서는 누구를 위하십니까?"
"헛되지 않았군."

曰爭奈即今何。師曰。今日有什麼事。有僧出禮拜。師曰。道者前時謝汝請。我將什麼與汝好。僧擬問次。師曰。將謂相悉却成不委。問如何是西來密密意。師曰。苦。問一佛出世普潤群生。和尚出世當為何人。師曰。不徒然。

"그러면 대중은 믿음이 있겠습니다."
"하필?"

대사가 대중에게 말하였다.
"오래 서 있었으니 일단 앉으시오. 오늘 관인(官人)과 모든 대중들의 청함이 정중하구나. 이같이 특별한 공이거늘 비유로써 어찌 미치겠는가? 그러므로 사람이 한 마디를 들었다고도 이르지 못한다고 했다. 다만 지금과 같거늘 누가 입을 놀리겠는가?"

대사는 곧 자리에서 내려서서 주장자를 짚고 대중에게 말하였다.
"알겠는가? 천룡팔부(天龍八部)[18]가 고요히 듣고 꽃비를 내렸다 하여서[19] 수보리 존자의 그림자나 그리려 하지 말라. 또한 이렇게 믿고 받들어 행하라."

曰恁麽即大眾有賴也。師曰。何必。師告眾曰。且住得也久立。官人及諸大眾。今日相請勤重。此箇殊功比喻何及。所以道未了之人聽一言。只這如今誰動口。師便下座立倚拄杖而告眾曰。還會麽。天龍寂聽而雨華。莫作須菩提幞子畫將去。且恁麽信受奉行。

---

18) 천룡팔부(天龍八部) : 불법을 수호하는 여덟 신장. 곧 천(天), 용(龍), 야차(夜叉), 건달바(乾達婆), 아수라(阿修羅), 가루라(迦樓羅), 긴나라(緊那羅), 마후라가(摩睺羅伽).
19) 수보리 존자가 설법할 때 천룡팔부가 듣고 꽃비를 내렸다 한다.

대사는 다음에 상람(上藍) 호국원(護國院)에 살았는데, 어떤 승려가 물었다.

"시방에서 북을 치는데 열 곳에서 일시에 듣는다 하니, 어떤 것이 듣는 것입니까?"

대사가 말하였다.

"그대는 어디서 왔는가?"

"보살도를 잘 행하여 온갖 법상에 물들지 않는다고 하니, 어떤 것이 보살도입니까?"

"온갖 법상이니라."

"어찌하여야 물들지 않겠습니까?"

"어디에 물이 들었느냐?"

"오래지 않아서 선불장(選佛場)[20]을 여신다는데, 학인도 선출하시겠습니까?"

師次住上藍護國院。僧問。十方俱擊鼓十處一時聞。如何是聞。師曰。汝從那方來。問善行菩薩道不染諸法相。如何是菩薩道。師曰。諸法相。曰如何得不染去。師曰。染著什麼處。問不久開選場還許學人選也無。

---

20) 선불장(選佛場) : 부처를 고르는 곳, 즉 납승들의 수도한 경지를 가려보는 곳.

"그대는 이마에 점이 찍힌 사람이다."
또 말하였다.
"그대여, 이것은 어느 과목인가?"

"어떤 것이 큰 법의 이치를 베푼 것입니까?"
"나의 베풂이 어찌 그대의 베품만 하겠는가?"

대사는 다음에 금릉 용광원(龍光院)에 살았는데 법상에 올라 자리에 앉으니, 유나(維那)가 백추(白椎)[21]를 치고 말하였다.
"법연(法筵)에 모인 여러 대덕들이여, 마땅히 제일의를 관조하십시오."
이에 대사가 말하였다.
"유나의 뜻은 제이의라 하겠으니, 장로들은 몇째 번의 뜻이라 해야 하겠는가?"
대사는 또 옷자락을 들고서 대중에게 말하였다.

師曰。汝是點額人。又曰。汝是什麼科目。問如何是演大法義。師曰。我演何似汝演。師次住金陵龍光院。上堂陞座。維那白椎云。法筵龍象眾當觀第一義。師曰。維那是第二義。長老卽今是第幾義。師又舉衣袖謂眾曰。

---

21) 백추(白椎) : 절에서 대중에게 무엇을 알릴 때에 나무 방망이로 나무 기둥을 쳐서 집중시키는 것.

"알겠는가? 이것이 산호무도(山呼舞蹈)[22]이다. 오백 생 전에 악사 노릇을 했었으리라고 말하지 말라. 혹시 의심이 있거든 보여 봐라."
이때에 어떤 승려가 물었다.
"어떤 것이 모든 부처님들의 바른 종지입니까?"
대사가 말하였다.
"그대는 무슨 종지인가?"
"어떠합니까?"
"어떠냐고 하면 곧 알지 못하는 것이다."

"상람(上藍)의 한 곡조를 스님께서 몸소 부르셨는데, 오늘 용광(龍光)의 일은 어떠합니까?"
"그대는 언제 상람에 이르기나 했던가?"

會麽大眾。此是山呼舞蹈。莫道五百生前曾為樂主來。或有疑情請垂見示。時有僧問。如何是諸佛正宗。師曰。汝是什麼宗。曰如何。師曰。如何即不會。問上藍一曲師親唱。今日龍光事若何。師曰。汝什麼時到上藍來。

---

22) 산호무도(山呼舞蹈) : 황제를 기리는 춤이란 뜻으로, 참된 풍류의 경지를 표현하는 말.

"분명하고 타당한 일이 무엇입니까?"
"분명하고 타당하지 않거든 다른 곳에서나 찾아라."

"어떤 것이 불법의 대의입니까?"
"소의(小意)를 물었더라면 그대에게 대의(大意)를 알려 주었을 것이다."

대사가 나중에는 금릉에 들어가 청량 대도량에 살았는데, 법상에 올라 자리에 앉자마자 어떤 승려가 나와서 물으려 하니, 대사가 말하였다.
"저 승려가 맨 먼저 나와서 대중을 위하니, 벌써 국왕의 깊은 은혜에 보답해 마쳤다."
"국왕께서 청하시어 조사의 법석(法席)을 다시 열었으므로 학인이 올라와 묻사오니, 스님께서 마음의 근원을 바로 보여 주십시오."

曰諦當事如何。師曰。不諦當即別處覓。問如何是佛法大意。師曰。且問小意却來與汝大意。師後入金陵住清涼大道場。上堂陞座。僧出問次。師曰。這僧最先出為大眾已了答國主深恩。問國主請命祖席重開。學人上來請師直指心源。

대사가 말하였다.

"올라왔거든 도로 내려가라."

"법안(法眼)의 한 등불이 나뉘어져 천하에 퍼져 비추는데, 화상의 등불은 누구에게 전하십니까?"

"법안이 어느 곳에서 나누어 비추던가?"

강남국주(江南國主)가 정왕(鄭王)이 되었을 때에 정혜(淨慧) 선사에게 법을 받았는데, 정혜 선사가 입멸한 뒤에 대사에게 물었다.

"선사(先師)께서 다하지 못한 공안(公案)이 있습니까?"

대사가 말하였다.

"분석하여 차례를 보시는군요."

다음날 또 물었다.

"듣건대 장로는 선사(先師)께 특별히 들으신 것이 있다더군요."

대사가 일어설 기세를 보이니 국왕이 말하였다.

"그만 앉으시오."

師曰。上來却下去。問法眼一燈分照天下。和尙一燈分付何人。師曰。法眼什麼處分照來。江南國主爲鄭王時受心法於淨慧之室。曁淨慧入滅後。嘗問於師曰。先師有什麼不了底公案。師對曰。見分析次。異日又問曰。承聞長老於先師有異聞底事。師作起身勢。國主曰。且坐。

대사가 대중에게 말하였다.

"선사(先師)의 법석에 5백 대중이 있었는데 지금은 겨우 10여 명이 제방에서 남을 깨닫게 해 주는 스승 노릇을 한다. 그대들은 그들이 남에게 길을 잘못 지시한다고 여기지 않는가? 만일 잘못 가리켜 보인다면 그들은 물이나 불에 들거나 구렁텅이에 빠지게 된다.

그러나 옛사람이 말하기를 '내가 도산(刀山)[23]에 향하면 도산이 저절로 부서지고, 내가 확탕(鑊湯)[24]에 들면 확탕이 저절로 없어진다.'라고 하니, 이 말을 어떻게 헤아리겠는가? 말은 잘도 하면서 물으면 곧 대답하지는 못하니, 어째서 그런가? 오직 오랫동안 미혹해 있었기 때문이다.

여러분, 나는 어느 곳을 가더라도 얻을 수 없다고 하노라. 어느 곳을 가더라도 얻을 수 없는 것이 눈 따위 여러 감관과 색·소리·향기·맛·닿음·법 등 제법을 이룬다.

師謂眾曰。先師法席五百眾。今只有十數人在諸方為導首。你道莫有錯指人路底麼。若錯指教他入水入火落坑落塹。然古人又道。我若向刀山刀山自摧折。我若向鑊湯鑊湯自消滅。且作麼生商量言語即熟。及問著便生疏去。何也只為隔闊多時。上座但會我什麼處去不得有去。不得者。為眼等諸根色等諸法。

---

23) 노산(刀山) : 10지옥의 하나. 칼로 숲을 이룬 산.
24) 확탕(鑊湯) : 끓는 솥에 삶기는 고통을 받는 지옥.

제법은 그만두고 상좌들은 눈을 떠 무엇을 보는가? 그러므로 한 법도 보지 않아야 곧 여래라고 하는 것이니, 바야흐로 관자재(觀自在)라 부른다 하였다. 안녕."

대사는 개보(開寶) 7년 6월에 병이 나자 대중에게 고하였다.
"노승(老僧)이 병이 났건만 억지로 몸을 끌고 와서 그대들과 서로 본다. 지금 도처에 있는 도량은 마치 화성과 같다. 어떤 것이 화성이겠는가? 보지 못했는가? 옛 도사(導師)께서 말씀하시기를 '보배 있는 곳이 멀지 않으니 모름지기 전진해야 보배성에 이른다.'라고 하셨고, 또 말씀하시기를 '내가 화(化)하여 만들어낸 것이다.'라고 하셨다.

이제 여러분, 이 도리를 말해 봐라. 이는 여래선(如來禪)인가, 조사선(祖師禪)인가? 결정을 지을 수 있는가?

諸法且置。上座開眼見什麽。所以道不見一法卽如來。方得名爲觀自在。珍重。師開寶七年六月示疾告眾曰。老僧臥疾强牽拖與汝相見。如今隨處道場宛然化城。且道作麽生是化城。不見古導師云。寶所非遙須且前進。及至城所又道。我所化作。今汝諸人試說箇道理看。是如來禪祖師禪。還定得麽。

그대들이 비록 후생(後生)이지만 우리 국왕이 온갖 명승지에다 하나의 큰 도량을 세우고, 부족한 것이 없게 하는 뜻은 오직 그대들의 입을 열게 하기 위한 것이다. 지금과 같이 이 어귀도 알지 못한다면 어찌 삼계의 사은(四恩)[25]에 힘써 보답하리오. 알고자 하는가?

　다만 어귀를 알면 반드시 허물이 없다. 허물이 있다면 그대들에게 나라는 것이 있기 때문이다. 이제 불과 바람이 닥쳐오더라도 가고 머무름에 항상 변함없는 도이게 하라.

　내가 주지가 된 지 어언 20년이 되는데 매양 국왕의 도움을 받았고, 신도와 시방의 도반들과 일 보는 승려들과 수도승들 모두가 진정으로 나를 위하여 주었으니 침묵할 뿐 말하기 어렵구나.

　혹 삼베옷을 입힌다면 이는 속세를 따르는 일이어서 나의 참된 도리를 어기는 것이니 말해 봐라.

　汝等雖是晩生。須知僥忝我國主凡所勝地建一道場所須不闕。只要汝開口。如今不知阿那箇是汝口。爭答効他四恩三有。欲得會麼。但識口必無咎。縱有咎因汝有我。今火風相逼。去住是常道。老僧住持將逾一紀。每承國主助發。至于檀越十方道侶主事小師皆赤心爲我。默而難言。或披麻帶布。此卽順俗我道違眞。

---

25) 사은(四恩) : 부모, 스승, 국왕, 시주의 은혜.

순응하는 것이 좋은가, 어기는 것이 좋은가? 그러므로 나의 도리에 순응하여 뒤바뀜은 없게 하라. 나의 유해는 반드시 남산의 대지장(大智藏) 화상의 오른쪽이나 왼쪽에 하나의 무덤을 만들어 달라. 생사가 분명하거늘 교화하여 이끌지 못하였구나. 노력하라, 노력하라. 안녕."

그달 24일에 반듯이 앉아 임종하였다.

且道順好違好。然但順我道即無顛倒。我之遺骸必於南山大智藏和尚左右乞一墳塚。升沈皎然不淪化也。努力努力珍重。即其月二十四日安坐而終。

 토끼뿔

∽ "어떤 것이 경지 안의 사람입니까?" 했을 때

대원은 "그대 코끝이 누설한다." 하리라.

∽ "한 부처님이 세상에 나타나시면 온 누리가 진동한다 하였는데, 화상께서 세상에 나오실 때에는 어디가 진동했습니까?" 했을 때

대원은 "잘 보게나." 하리라.

∽ "한 부처님이 세상에 나타나시면 뭇 중생을 이롭게 하시는데, 화상께서 세상에 나타나셔서는 누구를 위하십니까?" 했을 때

대원은 "지금 어떤가?" 하리라.

∽ "시방에서 북을 치는데 열 곳에서 일시에 듣는다 하니, 어떤 것이 듣는 것입니까?" 했을 때

　대원은 "더 분명할 수 없다." 하리라.

　∽ "오래지 않아서 선불장(選佛場)을 여신다는데, 학인도 선출하시겠습니까?" 했을 때

　대원은 "어찌해야 선출되겠는가?" 하리라.

　∽ "어떤 것이 큰 법의 이치를 베푼 것입니까?" 했을 때

　대원은 "뜰 앞에 잣나무니라." 하리라.

　∽ "유나의 뜻은 제이의라 하겠으니, 장로들은 몇째 번의 뜻이라 해야 하겠는가?" 했을 때

　대원은 "제일의라 해도 십만팔천리다." 하리라.

∽ "어떤 것이 모든 부처님들의 바른 종지입니까?" 했을 때

대원은 "종지바가지니라." 하리라.

∽ "국왕께서 청하시어 조사의 법석(法席)을 다시 열었으므로 학인이 올라와 묻사오니, 스님께서 마음의 근원을 바로 보여 주십시오." 했을 때

대원은 "올라왔다 하니 어디가 내려갈 곳인가?" 하리라.

항주(杭州) 진신보탑사(眞身寶塔寺) 소암(紹巖) 선사

소암 선사는 옹주(雍州) 사람으로 성은 유(劉)씨이다. 일곱 살에 고안(高安) 선사에 의해 출가하여 18세에 구족계를 회휘(懷暉) 율사에게 받고, 제방으로 다니다가 천태 덕소 국사와 함께 임천(臨川)에서 같이 수기를 받았다.

이어 절우(浙右)의 수심사(水心寺)에 석장을 걸어두고 조용히 있다가 나중에는 월주(越州)의 법화산(法華山)에 가서 거탑사(居塔寺) 상방정원(上方淨院)으로 들어가서 살았다.

이에 오월왕(吳越王)이 대사에게 법문 열기를 청하여 법을 설했는데 요공대지상조선사(了空大智常照禪師)라는 호를 바쳤다.

대사가 법상에 올라 대중에게 말하였다.

杭州眞身寶塔寺紹巖禪師。雍州人也。姓劉氏。七歲依高安禪師出家。十八進具於懷暉律師。曁遊方與天台韶國師同受記於臨川。尋於浙右水心寺掛錫宴寂。後止越州法華山。續入居塔寺上方淨院。吳越王命師開法。署了空大智常照禪師。上堂謂眾曰。

"산승은 본래 아는 것이 없다. 그저 한가롭고 자유로이 경이나 읽으면서 죽음을 기다리려던 것인데, 어찌 오늘날 대왕이 소중히 여기시어 산승으로 하여금 제방의 노숙들과 같이 법연을 펴게 하실 것을 생각이나 했으랴.

그러나 대왕께서 청한 것은 오직 그대들의 마음을 밝히기 위한 것뿐이다. 이밖에 다른 도리가 없다. 여러분, 마음을 밝혔는가? 말하고 웃을 때나, 멍하니 잠자코 있을 때나, 선지식께 참문할 때나, 도반들과 헤아리고 따질 때나, 산천 구경을 다닐 때나, 귀와 눈으로 대하는 것을 끊었을 때가 그대의 마음이 아니라고 못한다 하지 않았는가? 위와 같이 안다 해도 모두가 마에 포섭된 것이니, 어찌 마음을 밝힌 것이라 하리오.

또 어떤 사람들은 몸 가운데 망상을 떠나서 따로 시방세계에 두루하여 일월을 삼키고 허공을 싸는 것이 있다고 여겨 그것을 본래의 참마음이라고 한다.

山僧素寡知見。本期閑放念經待死。豈謂今日大王勤重苦勉山僧。効諸方宿德施張法筵。然大王致請也。只圖諸仁者明心。此外無別道理。諸仁者還明心也未。莫不是語言譚笑時。凝然杜默時。參尋知識時。道伴商略時。觀山翫水時。耳目絕對時。是汝心否。如上所解盡為魔魅所攝。豈曰明心。更有一類人離身中妄想。外別認遍十方世界。含日月包太虛。謂是本來真心。

"그러나 이것 또한 외도(外道)의 계교일 뿐 마음을 밝힌 것은 아니다. 여러분, 알고자 하는가? 마음에는 이것이라 할 것도 없고, 아니라 할 것도 없는데, 그대들이 집착할 뿐이니 어찌 깨닫겠는가?"

"육합(六合)[26]이 맑게 개일 때에는 어떠합니까?"
"대중이 누가 그대를 믿으랴."

"달을 보고 손가락을 잊을 때에는 어떠합니까?"
"달은 보는 것이 아니다."
"그렇지만 어찌 손가락을 달이라고야 하겠습니까?"
"그대는 참선을 시작한 지 얼마나 되는가?"

대사는 개보(開寶) 4년 7월에 병이 나더니, 문인들에게 말하였다.

斯亦外道所計非明心也。諸仁者要會麼。心無是者亦無不是者。汝擬執認其可得乎。問六合澄清時如何。師曰。大眾誰信汝。問見月忘指時如何。師曰。非見月。日豈可認指為月耶。師曰。汝參學來多少時也。師開寶四年七月示疾。謂門弟子曰。

---

26) 육합(六合) : 천지와 사방을 통틀어 이르는 말.

"모든 행이 무상한 그대로가 영원한 모습이다."

그리고는 가부좌를 맺고 앉아서 떠나니, 수명은 73세이고, 법랍은 55세였다.

諸行無常卽常住相。言訖跏趺而逝。壽七十三。臘五十五。

 토끼뿔

∽ "육합(六合)이 맑게 개일 때에는 어떠합니까?" 했을 때

대원은 "서리 밭의 국화니라." 하리라.

∽ "달을 보고 손가락을 잊을 때에는 어떠합니까?" 했을 때

대원은 "백두산정은 사철 희다." 하고

"그렇지만 어찌 손가락을 달이라고야 하겠습니까?" 했을 때

대원은 "흙덩이나 쫓는 자로구나." 하리라.

금릉(金陵) 보은원(報恩院) 법안(法安) 혜제(慧濟) 선사

혜제 선사는 태화(太和) 사람으로 법안(法眼)에게 법을 얻고 처음에는 무주(撫州) 조산(曹山)의 숭수원(崇壽院)에 살면서 제4세 주지를 지냈다.
법상에 올라 대중에게 말하였다.
"환(幻)임을 알면 그대로 여읜 것이어서 방편을 쓸 필요가 없고, 환을 여읜 것이면 그대로가 깨달음이라 점차(漸次)도 없다.
여러분들은 어떻게 생각하는가? 방편도 짓지 않고, 점차도 없다고 한 옛사람의 뜻이 어디에 있는가? 만일 안다면 모든 부처님들이 항상 앞에 나타나겠지만 모른다면『원각경』속에서나 찾으려 하지 말라. 불법은 고금을 통하여 잠시도 드러나지 않은 적이 없다.

金陵報恩院法安慧濟禪師。太和人也。印心於法眼之室。初住撫州曹山崇壽院為第四世。上堂謂眾曰。知幻即離不作方便。離幻即覺亦無漸次。諸上座且作麼生會。不作方便又無漸次。古人意在什麼處。若會得諸佛常見前。若未會莫向圓覺經裏討。夫佛法亘古亘今未嘗不見前。

여러분들도 항상 위신력의 광명을 머금어 지니고 있으니 반드시 큰 믿음을 구족한 근기라야 받아들일 수 있다.

보지 못했는가? 부처님께서도 용맹정진하는 사람을 쓸만하다고 찬탄하셨지, 오랫동안 착하게 깨끗한 업이나 닦은 이를 칭찬하지는 않으셨다. 오직 광액도아(廣額屠兒)²⁷⁾가 칼을 던지고 아라한을 증득한 것과 같이 되기를 바랄 뿐이다. 그렇게 하여야 된다. 그러므로 장자(長者)가 말하기를 범왕의 지위를 범부에게 준 것과 같다고 하였느니라."

어떤 승려가 물었다.
"대중이 이미 자리에 모였습니다. 스님께서는 구절 가운데의 현묘함을 아끼지 말아 주십시오."
대사가 말하였다.
"대중을 속일 수 있겠는가?"

諸上座一切時中咸承此威光。須具大信根荷擔得起始得。不見佛讚猛利底人堪爲器用。亦不賞他向善久修淨業者。要似他廣額屠兒²⁸⁾拋下操刀便證阿羅漢果。直須恁麼始得。所以長者道。如將梵位直授凡庸。僧問。大眾旣臨於法會。請師不吝句中玄。師曰。謾得大眾麼。

---

27) 광액도아(廣額屠兒) : 부처님 당시의 백정으로, 부처님 법문을 듣고 깨달음을 얻고는 도끼를 던지며 '나도 천불(千佛) 중의 하나다.'라고 외쳤다.
28) 屠兒가 송나라, 원나라본에는 兜屠로 되어 있다.

"그러면 이 물음에 온전히 응해 주셨습니다."
"쓴 적도 없다."

"옛사람이 모든 법은 남〔生〕이 없음을 종지로 삼는다고 하는데, 어떤 것이 남이 없는 종지입니까?"
"묻는 곳이 좋다."

"불법 안에서 스님의 방편을 듣고자 합니다."
"방편을 마쳤다."

"어떤 것이 옛 부처님의 마음입니까?"
"어찌 물음을 기다리랴."

강남의 국왕이 보은원(報恩院)으로 청해 들여 살게 하고 호를 봉하고 대중을 거느리라 하였다.

曰恁麽即全應此問也。師曰。不用得。問古人有言一切法以不生爲宗。如何是不生宗。師曰。好箇問處。問佛法中請師方便。師曰。方便了也。問如何是古佛心。師曰。何待問。江南國主請入居報恩。署號攝眾。

대사가 법상에 올라 대중에게 말하였다.

"오늘날, 내가 왕의 명을 받고 이 절의 주지가 되어 대중에게 법을 설하게 되었다. 아까 유나가 백추를 쳐서 마쳤는데 보았는가? 마땅히 제일의를 관하라고 하였다. 어떤 것이 제일의이겠는가? 만일 여기에서 참구하면 조금은 깨달을 것이다.

지금 따로 설할 무엇이 있어 깨닫겠는가? 그러나 국왕의 은혜를 받았으니 잠자코 있을 수는 없다. 선종의 근본을 보이기를 요한다면 법은 이와 같아 변함없이 두렷이 밝게 드러나 고금을 꿰뚫었다. 달마가 서쪽에서 왔을지라도 다만 여러분들의 증명이 되어 준 것뿐이어서 얻을 법이라는 것도 없다.

다만 바로 이대로이니, 지금 그 자리에서 봐라. 옛사람이 선 자리에서 보라고 했으니, 그대들은 지금 앉은 자리에서 보는가? 의심이 있거든 물어라."

師上堂謂眾曰。此日奉命令住持當院為眾演法。適來見維那白槌了。多少好令教當觀第一義。且作麼生是第一義。若這裏參得多少省要。如今更別說箇什麼即得。然承恩旨不可杜默去也。夫禪宗示要法爾常規。圓明顯露亘古亘今。至於達磨西來。也只與諸人證明。亦無法可得與人。只道直下是。便教立地覷取。古人雖即道立地覷取。如今坐地還覷得也無。有疑請問。

어떤 승려가 물었다.

"삼덕(三德)²⁹⁾의 심오한 이치는 부처님께서 설하셨지만 한 음성의 현묘한 길은 스님께서 밝혀 주십시오."

대사가 말하였다.

"그대는 그런 것이 있다고 여기는가?"

"어떤 것이 보은의 경지입니까?"
"여러 사람이 그대가 그렇게 묻는 것을 본다."

대사는 법회 도중에 본원(本院)에서 입멸하였다.

僧問。三德奧樞從佛演一音玄路請師明。師曰。汝道有也未。問如何是報恩境。師曰。大家見汝問。師開寶中示滅於本院。

---

29) 삼덕(三德) : 열반을 얻은 이에게 갖추어진 세 가지 덕. 법신덕(法身德)·반야덕(般若德)·해탈덕(解脫德)을 뜻함.

 토끼뿔

∽ "대중이 이미 자리에 모였습니다. 스님께서는 구절 가운데의 현묘함을 아끼지 말아 주십시오." 했을 때

대원은 "내가 자리에서 일어나 이 자리에 이르기까지 현묘하지 않은 것이 무엇이냐?" 하리라.

∽ "옛사람이 모든 법은 남[生]이 없음을 종지로 삼는다고 하는데, 어떤 것이 남이 없는 종지입니까?" 했을 때

대원은 "지붕 위 용머리니라." 하리라.

∽ "삼덕(三德)의 심오한 이치는 부처님께서 설하셨지만 한 음성의 현묘한 길은 스님께서 밝혀 주십시오." 했을 때

대원은 "입석대니라." 하리라.

무주(撫州) 숭수원(崇壽院) 계조(契稠) 선사

계조 선사는 천주(泉州) 사람이다.
법상에 올라 자리에 앉으니, 어떤 승려가 물었다.
"사부대중이 제일의를 관(觀)하는데, 어떤 것이 제일의입니까?"
대사가 말하였다.
"어찌 다시 수고로이 물으리오."
대사는 또 말하였다.
"대중들이여, 불성의 뜻을 알고자 하면 마땅히 시절인연을 관하라 하니, 어떤 것이 시절인연인가? 그대들이 지금 흩어져도 도는 있다 하겠는가? 만약 없다면 무엇 때문에 흩어진다 하였겠는가? 있다면 어떤 것이 제일의인가? 상좌들이여, 제일의가 드러났거늘 어찌 다시 수고롭게 관하리오."

撫州崇壽院契稠禪師。泉州人也。上堂陞座。僧問。四眾諦觀第一義。如何是第一義。師曰。何勞更問。師又曰。大眾欲知佛性義。當觀時節因緣。作麼生是時節因緣。上座如今便散去。且道有也未。若無因什麼便散去。若有作麼生是第一義。上座第　義現成。何勞更觀。

이렇게 밝게 드러나면 불성이 항상 비추고 일체 법이 항상 머무르지만, 법이 항상 머문다고 본다면 법의 참된 근원은 아니다.

그러면 어떤 것이 법의 참된 근원인가? 상좌들이여, 듣지 못했는가? 옛사람이 말하기를 '한 사람이 참 마음을 일으키어 근원에 돌아가면 시방 허공도 몽땅 사라진다.'라고 했으니, 한 법이라도 뜻으로 이해할 것이 있겠는가? 옛사람의 이와 같은 큰 인연의 일이 있는데 그를 의지해 행하면 곧 이것이거늘, 어찌 여러분들은 말이 많은가? 대중 가운데 잘 모르는 이가 있거든 보여줄 것을 청하라."

어떤 승려가 물었다.
"정혜의 등불을 직접 여수(汝水) 지방에서 밝히셨는데, 오늘 왕후(王侯)께서 청하시니 어떤 것이 정혜의 등불입니까?"
대사가 말하였다.
"다시 한 번 물어라."

恁麼顯明得佛性常照。一切法常住。若見有法常住。猶未是法之真源。作麼生是法之真源。上座不見古人道。一人發真歸源十方虛空悉皆消殞。還有一法爲意解麼。古人有如是大事因緣。依而行之即是。何勞長老多說。眾中有未知者便請相示。僧問。淨慧之燈親然汝水今日王侯請命。如何是淨慧之燈。師曰。更請一問。

"옛사람이 온전히 보지 못한 것을 스님께서 방편으로 보여 주십시오."
"옛사람이 어디를 온전히 보지 못하였는가?"

"어떤 것이 부처입니까?"
"어떤 것이 부처인가?"
"어떻게 알아야겠습니까?"
"알았다 하면 옳지 않다."

"서쪽에서 오신 분명한 뜻에서 스님은 몇째에 해당하십니까?"
"해마다 8월 보름은 추석이니라."

"어떤 것이 화상께서 사람을 위하는 한 구절입니까?"
"관음이 이야기했고, 상람(上藍)이 이야기했다."

대사는 순화(淳化) 3년에 입멸하였다.

問古人見不齊處請師方便。師曰。古人見什麼處不齊。問如何是佛。師曰。如何是佛。口如何領解。師口。領解即不是。問的的西來意師當第幾人。師曰。年年八月半中秋。問如何是和尚為人一句。師曰。觀音舉上藍舉。師淳化三年示滅。

 토끼뿔

◌ "사부대중이 제일의를 관(觀)하는데, 어떤 것이 제일의입니까?" 했을 때

대원은 "그것은 제이의니라." 하리라.

◌ "정혜의 등불을 직접 여수(汝水) 지방에서 밝히셨는데, 오늘 왕후(王侯)께서 청하시니 어떤 것이 정혜의 등불입니까?" 했을 때

대원은 "법당 앞 장등이니라." 하리라.

◌ "서쪽에서 오신 분명한 뜻에서 스님은 몇째에 해당하십니까?" 했을 때

대원은 "전삼삼 후삼삼이니라." 하리라.

홍주(洪州) 운거산(雲居山) 진여원(眞如院) 청석(淸錫) 선사

청석 선사는 천주(泉州) 사람으로 처음에 용수산(龍須山) 광평원(廣平院)에 살았다.
어떤 승려가 물었다.
"어떤 것이 광평의 경지입니까?"
대사가 말하였다.
"광평을 알라."
"어떤 것이 경지 안의 사람입니까?"
"증험하라."

다음에 운거산에 살았는데, 어떤 승려가 물었다.
"어떤 것이 운거의 경지입니까?"

洪州雲居山眞如院淸錫禪師。泉州人也。初住龍須山廣平院。有僧問。如何是廣平境。師曰。識取廣平。曰如何是境中人。師曰。驗取。次住雲居山。僧問。如何是雲居境。

대사가 말하였다.

"그대는 무엇을 경지라 하는가?"

승려가 말하였다.

"어떤 것이 경지 안의 사람입니까?"

"아까 그대에게 무엇이라 했던가?"

대사가 나중에 천주 서명원(西明院)에 살았는데 유(廖)씨라는 천사(天使)가 절에 들렀다가 법안(法眼) 화상의 진영에 공양하는 것을 보고 물었다.

"진영 앞에 있는 것이 무슨 과일인가요?"

대사가 말하였다.

"과일로 해서 멀어졌구나."

"과일로 해서 멀어졌다면서 무엇 하러 진영에게 공양은 하십니까?"

"그대로 하여금 멀어졌음을 알게 하기 위해서일 뿐이다."

師曰。汝喚什麼作境。曰如何是境中人。師曰。適來向汝道什麼。師後住泉州西明院。有廖天使入院見供養法眼和尚真。乃問曰。真前是什麼果子。師曰。假果子。天使曰。既是假果子。為什麼將供養真。師曰。也只要天使識假。

"어떤 것이 부처입니까?"
"얼굴이 퍽 기이하고 신묘하다."

問如何是佛。師曰。容顏甚奇妙。

 토끼뿔

"진영 앞에 있는 것이 무슨 과일인가요?" 했을 때

대원은 "그 맛이 어떤가?" 하리라.

홍주(洪州) 백장산(百丈山) 대지원(大智院) 도상(道常) 선사

도상 선사는 본산(本山)에서 출가하여 조명(照明) 선사에 의해 머리를 깎고, 이어 정혜(淨慧) 선사에게 참문하여 스승과 제자의 인연을 맺었다.

법을 묻는 자리에서 이렇게 물었다.

"외도가 부처님께 말 있음으로도 묻지 않고, 말 없음으로도 묻지 않겠습니다라고 물었는데…"

그러자 묻는 말이 끝나기도 전에 정혜 선사가 말하였다.

"그만두어라. 그대가 세존께서 말없이 보이신 곳을 향해 참구하면 알 것이다."

대사가 이로부터 깨달았다.

뒤에 본산에서 청하여 돌아와 주지(住持)가 되니, 제11세 주지로 배우는 이가 더욱 많아졌다.

洪州百丈山大智院道常禪師。本山出家。禮照明禪師披剃。尋參淨慧獲預函丈。因請益問。外道問佛不問有言不問無言。敘語未終。淨慧曰。住住。汝擬向世尊良久處會去。師從此悟入。後本山請歸住持。當第十一世。學者尤盛。

대사가 법상에 올라 대중에게 보이고 말하였다.
"이 보배 수레를 타면 바로 도량에 이른다. 매일 여러분들이 수고롭게 방문했으나 아무것도 대접할 것이 없다. 날씨가 차가운데 오래 서 있을 필요가 없다. 수레를 돌려 가라. 안녕."

어떤 승려가 물었다.
"어떤 것이 학인이 행각할 일입니까?"
대사가 말하였다.
"주장자를 꺾어버릴 수 있는가?"

"옛사람이 말하기를 석가가 나와 동참(同參)했다고 했는데, 어떤 분이기에 동참했다고 하는 것입니까?"
"오직 동참한 이만이 비로소 알게 된다."
"그 사람을 어찌하여야 가까이 할 수 있겠습니까?"
"그러면 참문할 줄 모르는 것이다."

師上堂示眾日。乘此寶乘直至道場。每日勞諸上座訪及。無可祗延。時寒不用久立。却請迴車。珍重。僧問。如何是學人行脚事。師曰。拗折拄杖得也未。問古人有言。釋迦與我同參。未審參何人。師曰。唯有同參方得知。曰未審此人如何親近。師曰。恁麼即不解參也。

"어떤 것이 조사께서 서쪽에서 오신 뜻입니까?"
"자주 물을 필요가 없다."

"고향에 돌아가는 곡조를 어떻게 부릅니까?"
"설사 부른다 하여도 너의 뒤쪽에 떨어진 것이다."

"어떤 것이 백장의 경지입니까?"
"어찌 운거와 같을 수 있으랴."

"어떤 것이 사람을 위하는 백장의 한 구절입니까?"
"제방에 이르거든 곳곳에서 꼭 물어라."

대사가 또 대중에게 말하였다.
"진실로 일이 없다. 상좌들이 제각기 부처를 섬기거늘 다시 무슨 의혹이 있기에 여기에 왔는가?"

問如何是祖師西來意。師曰。往往問不著。問還鄉曲子作麼生唱。師曰。設使唱落汝後。問如何是百丈境。師曰。何似雲居。問如何是百丈爲人一句。師曰。若到諸方總須問過。師又謂眾曰。實是無事與上座各各事佛。更有何疑得到這裏。

옛사람이 말하기를 '시방이 한자리에 모여서 저마다 무위를 배우니, 이것이 선불장(選佛場)이라, 빈[空] 마음에 급제(及第)하여 돌아간다.'라고 했는데 빈 마음이 곧 급제이니, 어찌해야 빈 마음을 알겠는가? 그 속에서 눈을 감고 싸늘하게 앉은 것을 빈 마음이라 하지는 못할 것이다. 이는 분명히 의식의 망상으로 알음알이를 일으키는 것이다.

상좌들이여, 빈 마음이고자 하는가? 단지 마음을 알기만 하라. 그러므로 말하기를 '과거는 이미 지났고 미래는 헤아리지 말라. 우뚝하게 일 없이 앉았으니 언제 누가 부른 적이 있던가?'라고 하였으니, 만일 누가 그대를 부르면 대꾸하는 것이 좋겠는가, 대꾸하지 않는 것이 좋겠는가? 대꾸한다면 누가 상좌를 불렀겠는가? 대꾸하지 않는다고 귀가 먹지는 않았을 것이다. 3세(三世)의 본체가 공하지만 나무토막은 아니지 않은가? 그러므로 옛사람이 말하기를 '빈 마음이라야 법왕을 본다.'라고 했는데, 법왕을 보았는가?

古人只道。十方同聚會。箇箇學無為。此是選佛場。心空及第歸。心空是及第。且作麼生會心空。不是那裏閉目冷坐是心空。此正是識陰想解。上座要心空麼。但且識心。所以道。過去已過去。未來更莫算。兀然無事坐。何曾有人喚。設有人喚上座。應他好不應好。若應阿誰喚上座。若不應不患聾也。三世體空且不是木頭。所以古人道。心空得見法王。還見法王麼。

또한 다만 이는 병든 승려일 뿐이라면 또 그가 자신을 대신할 수는 없다. 안녕."

어떤 승려가 물었다.
"어떤 것이 부처입니까?"
대사가 말하였다.
"그대는 묻지 않은 일이 얼마나 있는가?"

승려가 말하였다.
"어떤 사람이 현사(玄沙)에게 묻기를 '삼승십이분교는 묻지 않겠습니다만 어떤 것이 조사께서 서쪽에서 오신 뜻입니까?'라고 하니, 현사가 말하기를 '삼승십이분교라는 것도 필요 없다.'라고 하였는데, 그 승려가 알지 못하겠다 했으니 스님께서 설해 주십시오."
　대사가 말하였다.

也只是病僧[30]。又莫是渠自代[31]麼。珍重。僧問。如何是佛。師曰。汝有多少事不問。僧擧人問玄沙曰。三乘十二分教即不問。如何是祖師西來意。玄沙曰。三乘十二分教不要。其僧不會。請師爲說。師曰。

---

30) 病僧이 송나라본에는 老病僧으로 되어 있다.
31) 代가 송나라, 원나라본에는 伐로 되어 있다.

"그대가 진실로 모르는가?"
"진실로 모릅니다."
대사가 보이고 게송을 말하였다.

삼승뿐 아니라 조사의 법도 필요가 없으니
그대 역시 삼승이 필요치 않네
그대여 이제 종지를 회통해 알고자 하는가
밤 산봉우리에 원숭이 울음소리 어지럽다

대사가 순화(淳化) 2년에 입멸하니 본산에다 탑을 세웠다.

汝實不會。曰實不會。師示偈曰。
不要三乘要祖宗
三乘不要與君同
君今欲會通宗旨
後夜猿啼在亂峯
師淳化二年示滅。塔於本山

토끼뿔

"옛사람이 말하기를 석가가 나와 동참(同參)했다고 했는데, 어떤 분이기에 동참했다고 하는 것입니까?" 했을 때

대원은 "단주가 누설한다." 하리라.

천태산(天台山) 반야사(般若寺) 통혜(通慧) 경준(敬遵) 선사

경준 선사가 법상에 올라 대중에게 말하였다.

"밝고 밝은 근본이 고금을 통하여 털끝만큼도 끊어짐이 없다. 때도 없고 계절도 없으며 오랜 시간을 숨 쉴 사이도 없이 다그쳐 귀착하게 한다.

그러므로 산하대지가 상좌들의 선지식이라 한 것이니, 광명을 놓고 땅을 흔들어, 닿는 곳마다 드러나서 진실로 털끝만한 법도 막힌 것이 없다. 그렇거늘 이제 어찌하여 알지 못하고 유달리 의심을 내는가? 무사하라. 오래 서 있을 필요가 없다."

어떤 승려가 물었다.

天台山般若寺通慧禪師敬遵。上堂謂眾曰。皎皎烜赫地亘古亘今。也未曾有纖毫間斷相。無時無節長時拶定上座無通氣處。所以道。山河大地是上座善知識。放光動地觸處露現。實無絲頭許法可作隔礙。如今因什麼却不會。特地生疑去。無事不用久立。僧問。

"우담발화(優曇鉢花)가 피면 사람들이 모두 보는데, 반야의 가풍을 한 말씀 들려 주십시오."

대사가 말하였다.

"그대의 물음이 아니었던들 사람들에게 거듭하여 이야기하지 않았을 것이다."

"그러면 반야의 웅장한 봉우리가 어찌 고금에 가지런할 수 있겠습니까?"

"잘못 알지 말라."

"우두가 4조를 보기 전에 어째서 백 가지 새가 꽃을 물고 왔습니까?"

"그대는 어디서 보는가?"

"본 뒤에는 어째서 꽃을 물고 오지 않았습니까?"

"더더구나 알아듣고 말하기까지 하니 좋구나."

優曇花坼人皆覩。般若家風賜一言。師曰。不因上座問不曾擧似人。曰恁麼即般若雄峯詎齊今古。師曰。也莫錯會。問牛頭未見四祖時為什麼百鳥銜華。師曰。汝什麼處見。曰見後為什麼不銜華。師曰。且領話好。

"영산의 한 모임에서는 가섭이 친히 들었는데, 오늘의 한 모임에서는 누가 듣습니까?"

"그대는 가섭이 들은 것을 이야기해 봐라."

"이러한즉 가섭이 친히 들었다 하겠습니다."

"어지러이 지껄여서 무엇 하려는가?"

대사는 자기의 진영에 찬을 지었다.

참됨이여 가없이 비었거늘
영인(郢人)은 배를 얻으려 했구나
봉우리는 구름 위로 솟아 있고
맑은 못엔 달빛이 넘실거리네

問靈山一會迦葉親聞。未審今日一會何人得聞。師曰。汝試舉迦葉聞底看。曰恁麼卽迦葉親聞去也。師曰。亂道作麼。師自述眞讚曰。
眞兮寥廓
郢人圖艎
嶽聳雲空
澄潭月躍

 토끼뿔

"영산의 한 모임에서는 가섭이 친히 들었는데, 오늘의 한 모임에서는 누가 듣습니까?" 했을 때

대원은 "정원 소나무 누설을 듣는 이니라." 하리라.

여산(廬山) 귀종사(歸宗寺) 법시(法施) 책진(策眞) 선사

책진 선사는 조주(曹州) 사람으로 성은 위(魏)씨이고, 본래의 이름은 혜초(慧超)이다.
정혜(淨慧) 선사의 당(堂)에 올라가서 물었다.
"어떤 것이 부처입니까?"
정혜 선사가 말하였다.
"그대는 혜초이다."
대사는 이로부터 참됨에 믿어 들었고, 이 말은 제방에 퍼졌다. 처음에는 여산의 여가봉(余家峯)에 있었는데, 귀종사로 내려와 살라는 청에 따랐다.

법상에 올라 보이고 대중에게 말하였다.

廬山歸宗寺法施禪師策眞。曹州人也。姓魏氏本名慧超。升淨慧之堂。問如何是佛。淨慧曰。汝是慧超。師從此信入。其語播於諸方。初自廬山余家峯請下住歸宗。上堂示眾曰。

"여러 상좌들이여, 보고 듣고 지각하고 아는 것이 하나의 법도일 뿐이다. 이와 같이 안다면 이것은 보고 듣고 지각하고 아는 것인가, 아닌가? 알고자 하는가? 그대들에게 벌써 다 설해 마쳤다. 그대들 스스로가 깨달아야 된다. 오래 서 있었다. 안녕."

어떤 승려가 물었다.
"어떤 것이 부처입니까?"
대사가 말하였다.
"내가 그대에게 말하면 따로 있는 것이 된다."

"어떤 것이 귀종의 경지입니까?"
"그대는 무엇을 보았는가?"
"어떤 것이 경지 안의 사람입니까?"
"나가거라."

諸上座。見聞覺知只可一度。只如會了。是見聞覺知不是見聞覺知。要會麼。與諸上座說破了也。待汝悟始得。久立珍重。僧問。如何是佛。師曰。我向汝道即別有也。問如何是歸宗境。師曰。是汝見什麼。曰如何是境中人。師曰。出去。

"국왕께서 청하셔서 법회가 크게 열렸으니, 보고 듣는 경지에 빠지지 않도록 속히 말씀해 주십시오."

"부질없는 말이다."

"스님의 뜻은 어떠합니까?"

"또 어지러운 말을 하는구나."

"경전에 이르기를 '이 몸과 마음을 티끌같이 많은 세계에 바치는 것으로 부처님의 은혜를 갚는다고 한다.'라고 하니, 티끌 세계는 묻지 않겠으나 어떤 것이 부처님의 은혜를 갚는 것입니까?"

"그대가 그렇게 하는 것이 부처님의 은혜를 갚는 것이다."

"무정설법(無情說法)은 온 땅의 중생이 듣지만 사자후를 할 때에는 어떠합니까?"

"그대가 듣기는 했는가?"

"그러면 무정과 같아지겠습니다."

"그대가 안다 해도 방해롭지 않다."

問國王請命大啟法筵。不落見聞請師速道。師曰。閑言語。曰師意如何。師曰。又亂說。問承教有言。將此身心奉塵刹是則名為報佛恩。塵刹即不問。如何是報佛恩。師曰。汝若是即報佛恩。問無情說法大地得聞獅子吼時如何。師曰。汝還聞麼。曰恁麼即同無情也。師曰。汝不妨會。

"옛사람은 보고 들음에 여의지 않은 것을 종지로 삼는다 했는데, 화상은 무엇으로 종지를 삼으십니까?"
"그 물음이 썩 좋구나."
"오히려 그것은 세 번째, 네 번째의 인연입니다."
"어지러이 지껄이지 말라."

대사가 다음은 금릉 봉선사(奉先寺)에 살다가 오래지 않아 다시 보은도량으로 옮겨 살더니 태평흥국(太平興國) 4년에 입적하였다.

問古人以不離見聞爲宗。未審和尙以何爲宗。師曰。此問甚好。曰猶是三緣四緣。師曰。莫亂道。師次住金陵奉先寺。未幾復遷止報恩道場。太平興國四年歸寂。

 토끼뿔

ᄋ "국왕께서 청하셔서 법회가 크게 열렸으니, 보고 듣는 경지에 빠지지 않도록 속히 말씀해 주십시오." 했을 때

대원은 "흰구름이 물속을 떠간다." 하리라.

ᄋ "경전에 이르기를 '이 몸과 마음을 티끌같이 많은 세계에 바치는 것으로 부처님의 은혜를 갚는다고 한다.'라고 하니, 티끌 세계는 묻지 않겠으나 어떤 것이 부처님의 은혜를 갚는 것입니까?" 했을 때

대원은 "구름은 하늘에 있고, 연꽃은 못에 있다." 하고

"그러면 무정과 같아지겠습니다." 했을 때

대원은 "이 똥버러지야." 하리라.

홍주(洪州) 봉서산(鳳棲山) 동안원(同安院) 소현(紹顯) 선사

소현 선사에게 어떤 승려가 물었다.
"왕께서 은총을 내리신 것을 스님께서 직접 받으셨으니, 웅이산(熊耳山)[32]의 가풍을 한 말씀으로 들려 주십시오."
대사가 말하였다.
"이미 일러 마쳤다."

"천 리 밖에서 스님께 귀의하였으니, 스님께서 한 번 제접해 주십시오."
"들어간 곳이 좋다."

운개산(雲蓋山)의 승려가 집을 지으려고 기와를 얻으러 다녔다.

洪州鳳棲山同安院紹顯禪師。僧問。王恩降旨師親受熊耳家風乞一言。師曰。已道了也。問千里投師請師一接。師曰。好入處。雲蓋山僧乞瓦造殿。

---

32) 웅이산(熊耳山) : 달마 대사를 장사지낸 곳으로 달마 대사의 탑이 모셔져 있는 산.

어떤 관리가 물었다.
"이미 운개이거늘 무엇 하러 기와를 얻으러 다니시오."
그 승려가 대답이 없으니, 대사가 대신 말하였다.
"드물게 만나는 기인이구려."

有官人問。既是雲蓋何用乞瓦。無對。師代曰。罕遇奇人。

 토끼뿔

"왕께서 은총을 내리신 것을 스님께서 직접 받으셨으니, 웅이산(熊耳山)의 가풍을 한 말씀으로 들려 주십시오." 했을 때

대원은 "나에게 들은 대로 말해 봐라." 하리라.

강주(江州) 여산(廬山) 서현사(棲賢寺) 혜원(慧圓) 선사

혜원 선사가 법상에 올라 대중에게 보이고 말하였다.
"승당(僧堂) 문을 나와서 오로봉(五老峯)을 보면 일생 동안 배우는 일이 끝났거늘 무엇 하러 여기까지 왔는가? 비록 그러나 이렇게 상좌들이 한바탕 수고롭게 일전(一轉)해야 한다. 일이 없다. 안녕."

어떤 승려가 물었다.
"바람이 움직이는 것도 아니요, 깃발이 움직이는 것도 아니라 하니, 옛사람의 뜻이 무엇입니까?"
대사가 말하였다.
"대중이 일시에 알아들었다."

江州廬山棲賢寺慧圓禪師。上堂示眾曰。出得僧堂門見五老峯。一生參學事畢。何用更到這裏來。雖然如此也勞上座一轉。無事珍重。僧問。不是風動不是幡動。未審古人意旨如何。師曰。大眾一時會取。

또 법상에 올라 어떤 승려가 질문을 하려 하니, 대사가 그 승려를 가리키면서 말하였다.
"멈춰라. 멈춰라."
그 승려가 물었다.
"위로부터의 종승을 스님께서 들어 제창해 주십시오."
대사가 말하였다.
"앞의 말을 이해 못하니 뒤의 말도 따를 수가 없다."
"그러면 오늘의 일은 어떠합니까?"
"남의 말을 알아듣지 못하는구나."

"어떤 것이 불법의 대의입니까?"
"좋다."

"어떤 것이 서현의 경지입니까?"
"삼문(三門) 안에 들어오면 이내 알게 된다."

又上堂有僧擬問。師乃指其僧曰。住住。其僧[33]問。從上宗乘請師舉唱。師曰。前言不搆後語難追。曰未審今日事如何。師曰。不會人言語。問如何是佛法大意。師曰。好。問如何是棲賢境。師曰。入得三門便合知。

---

33) 其僧 다음에 송나라, 원나라본에는 進步가 들어가 있다.

"어떤 것이 조사께서 서쪽에서 오신 뜻입니까?"
"여기에는 조금도 없다."

"조사의 등불이 거듭 빛나서 자비를 아끼지 않으시니 다시 중하 근기를 위해 설해 주십시오."
"알 수 있겠는가?"
"그러면 방편의 문이 열렸습니다."
"또 속이는구나."

問如何是祖師西來意。師曰。此欠少。問祖燈重耀不吝慈悲更垂中下。師曰。委得麼。曰恁麼即方便門已開。師曰。也賺。

토끼뿔

"바람이 움직이는 것도 아니요, 깃발이 움직이는 것도 아니라 하니, 옛사람의 뜻이 무엇입니까?" 했을 때

대원은 손가락을 세우고 "이 무엇인고?" 하리라.

홍주(洪州) 관음원(觀音院) 종현(從顯) 선사

종현 선사는 천주(泉州) 포전(莆田) 사람이다. 젊었을 때에 고향의 석제산(石梯山)에서 출가하여, 구족계를 받은 뒤에는 법안(法眼)에게 참문하여 수기를 받았다.

처음에는 승주(昇州)의 묘과원(妙果院)에 살다가 나중에 관음원에 와서 사니 배우는 무리가 무척 많았다.

대사가 법상에 올라 대중이 모이니 말없이 보이고 말하였다.

"문수가 유마 거사를 깊이 찬탄하였는데 거사가 칭찬을 받았겠는가? 칭찬을 받았다면 어느 곳에 거사가 있었겠는가? 칭찬을 받지 않았다면 문수가 헛되이 말한 것이 아니겠는가? 대중은 어떻게 아는가? 만약 안다면 참다운 납자이리라."

洪州觀音院從顯禪師。泉州莆田人也。少依本邑石梯山出家具戒。參法眼受記。初住昇州妙果院。後住茲院參學頗眾。師上堂眾集。良久謂曰。文殊深贊居士。未審居士受贊也無。若受贊何處有居士耶。若不受贊文殊不可虛發言。大眾作麼生會。若會真箇衲僧。

이때에 어떤 승려가 물었다.
"거사는 묵연히 있었는데 문수가 깊이 찬탄한 뜻이 무엇입니까?"
대사가 말하였다.
"그대가 묻고 내가 대답한다."
"그런 사람이 나타나면 또 어찌하시렵니까?"
"다니다가 물이 다한 곳에 이르면 앉아서 구름이 이는 때를 본다."

어떤 승려가 물었다.
"어떤 것이 관음의 가풍입니까?"
대사가 말하였다.
"눈앞의 것을 보려무나."
"갑자기 작가가 오면 어떻게 대접해 보이겠습니까?"
"가난한 집은 다만 이러해서 꼭 돌아가라 하지도 않는다."

時有僧問。居士默然文殊深贊此意如何。師曰。汝問我答。曰恁麼人出頭來又作麼生。師曰。行到水窮處坐看雲起時。僧問。如何是觀音家風。師曰。眼前看取。曰忽遇作者來作麼生見待。師曰。貧家只如此未必便言歸。

"오래도록 줄 없는 거문고를 메고 계시니 스님께서 한 곡조 들려주십시오."

"어떻게 들었는가?"

그 승려가 귀를 기울이니, 대사가 말하였다.

"매우 사람을 속이는구나."

대사가 대중에게 말하였다.

"노 행자(盧行者, 육조 혜능 대사)가 그 당시 대유령(大庾領)에서 도명(道明) 상좌에게 말하기를 '선도 생각하지 말고, 악도 생각하지 말라. 이때 그대의 본래 면목을 나에게 밝혀 보아라.'라고 하였는데, 관음은 오늘 그렇게 말하지 않고 '나에게 도명(道明) 상좌를 밝혀 봐라.'고 하노라. 이렇게 말하는 것이 조계의 자손으로서 맞는 일인가, 맞지 않는 일인가?

만일 조계의 자손이라면 어찌하여 네 글자〔四字〕[34]를 없애 버렸겠는가?

問久負沒絃琴請師彈一曲。師曰。作麼生聽。其僧側耳。師曰。賺殺人。師謂眾曰。盧行者當時大庾嶺頭為明上座言。莫思善莫思惡。還我明上座本來面目來。觀音今日不恁麼道。還我明上座來。恁麼道是曹谿子孫。不是曹谿子孫。若是曹谿子孫。又爭合除却四字。

---

34) 네 글자〔四字〕: 여기서 '네 글자〔四字〕'란 '還我明上座本來面目來' 구절 중 '本來面目'을 이른다.

만일 옳지 못하다면 또한 허물이 어디에 있겠는가? 나와서 헤아려 봐라."

대사는 말없이 보이고 다시 말하였다.

"이 한 무리는 참으로 행각한 사람들이다. 안녕."

태평흥국(太平興國) 8년 9월의 어느 날, 신도인 원장사(袁長史)에게 말하였다.

"내가 2, 3일 사이에 고향에 돌아가야겠소."

원장사가 말하였다.

"화상께서는 연세가 그렇게 높으신데 어찌 다시 고향을 생각하십니까?"

대사가 다시 말하였다.

"고향에 돌아가면 좋은 반찬을 먹을 수 있소."

원씨는 그 말을 헤아리지 못했는데 이튿날 대사는 병 없이 앉아서 입적하니, 수명은 78세였다. 원장사가 서산(西山)에다 탑을 세웠다.

若不是又過在什麼處。試出來商量看。良久師又曰。此一眾真行脚人也。珍重。太平興國八年九月中。師謂檀那袁長史曰。老僧二兩口間歸鄉去。袁曰。和尚尊年何更思鄉。師曰。歸鄉圖得好鹽喫。袁不測其言。翌日師不疾而坐亡。壽七十有八。袁長史建塔於西山。

 토끼뿔

∽ "거사는 묵연히 있었는데 문수가 깊이 찬탄한 뜻이 무엇입니까?" 했을 때

대원은 "새삼스럽게 문수가 호들갑을 떨었구나." 하리라.

∽ "갑자기 작가가 오면 어떻게 대접해 보이겠습니까?" 했을 때

대원은 "그대를 대접함이 어떤가?" 하리라.

∽ "오래도록 줄 없는 거문고를 메고 계시니 스님께서 한 곡조 들려 주십시오." 했을 때

대원은 "감상을 말해 봐라." 하리라.

여주(廬州) 장안원(長安院) 연규(延規) 선사

연규 선사에게 어떤 승려가 물었다.
"어떤 것이 암자 안의 주인입니까?"
대사가 말하였다.
"제방에 가거든 그저 장안에서 왔다고만 하라."

대사는 교화할 인연이 다 되자 주지의 일을 문인인 변실(辯實) 접무(接武)35)에게 맡기고 설법을 마친 뒤 본원의 서당(西堂)으로 돌아가서 입멸하였다.

　　廬州長安院延規禪師。僧問。如何是庵中主。師曰。到諸方但道從長安來。師化緣將畢。以住持付門人辯實接武說法。乃歸本院西堂示滅。

---

35) 접무(接武) : 직책 이름.

🐦 토끼뿔

"어떤 것이 암자 안의 주인입니까?" 했을 때

대원은 "암자의 주인은 그만두고 어디가 암자의 밖이냐? 말해 봐라." 하리라.

상주(常州) 정근원(正勤院) 희봉(希奉) 선사

희봉 선사는 소주(蘇州) 사람으로 성은 사(謝)씨이다. 본원의 주지로서는 제2세였다.

처음에 법상에 올라 대중에게 보이고 말하였다.

"옛 성현이 말하기를 '원만하기가 허공과 같아서 모자람도 남음도 없다.'라고 하였고, 또 말하기를 '낱낱의 법이 낱낱의 종지요, 모든 법이 한 법의 종지다.'라고 하였으며, 또 말하기를 '일어나는 것도 오직 법이 일어나고 멸하는 것도 오직 법이 멸한다.'라고 하였고, 또 말하기를 '일어날 때에도 내가 일어난다 하지 않고, 멸할 때에도 내가 멸한다 하지 않는다.'라고 하였다.

이러한 이야기들에 의거하면 오랫동안 총림에 묻혀 있던 상좌들을 매우 무시하는 것 같다. 만일 초심(初心)의 형제들이라면 우선 마땅히 도(道)를 체득하라.

常州正勤院希奉禪師。蘇州人也。姓謝氏。住本院為第二世。初上堂示眾曰。古聖道。圓同太虛無欠無餘。又云。一一法一一宗。眾多法一法宗。又道起唯法起滅唯法滅。又云。起時不言我起。滅時不言我滅。據此說話屈滯久在叢林上座。若是初心兄弟且須體道。

사람의 몸으로 태어나기 어렵고 바른 법을 듣기 어려우니 한가히 지내지 말라. 시주(施主)받은 옷과 밥은 녹이기 어려우니, 도를 밝히지 못하면 하나하나 모두 갚아야 된다. 상좌들이여, 도를 알고자 하는가? 안녕."

어떤 승려가 물었다.
"어떤 것이 조사께서 서쪽에서 오신 뜻입니까?"
대사가 말하였다.
"그대는 어디서 그런 소식을 들었는가?"

"어떤 것이 모든 법의 공한 모습입니까?"
"산하대지(山河大地)니라."

"대중이 운집했습니다. 스님께서 종승을 들어 제창해 주십시오."
"들어 제창한 지 오래다."

人身難得。正法難聞。莫同等閑。施主衣食不易消遣。若不明道箇箇盡須還他。上座要會道麼。珍重。僧問。如何是祖師西來意。師曰。什麼處得這箇消息。問如何是諸法空相。師曰。山河大地。問僧眾雲集請師舉唱宗乘。師曰。舉來久矣。

"불법은 국왕 대신에게 부촉하셨는데, 오늘 정근원(正勤院)에서는 무엇을 부촉하시겠습니까?"
"만세, 만만세니라."

"옛사람이 말하기를 산하대지가 그대의 참 선지식이라고 하였는데, 어찌하여야 산하대지로 참 선지식을 삼겠습니까?"
"그대는 무엇을 산하대지라 하는가?"

"어떤 것이 도에 계합되는 말입니까?"
"그대가 묻고 내가 대답한다."

"영산회상에서는 가섭이 직접 들었는데, 오늘에는 누가 알아듣겠습니까?"
"가섭이 직접 들었다는 것이 무엇인가?"

問佛法付囑國王大臣。今日正勤將何付囑。師曰。萬歲萬歲。問古人有言。山河大地是汝真善知識。如何得山河大地爲善知識去。師曰。汝喚什麼作山河大地。問如何是合道之言。師曰。汝問我答。問靈山會上迦葉親聞。未審今日誰人得聞。師曰。迦葉親聞箇什麼。

"옛 부처님의 도량에 학인이 어찌하여야 이르겠습니까?"
"그대는 지금 어디에 있는가?"

"어떤 것이 화상의 원통(圓通)[36]입니까?"
대사가 선상을 세 차례 두드렸다.

"어떤 것이 육근과 육진을 벗어나는 것입니까?"
"망상을 피우지 말라."

"인왕(人王)과 법왕(法王)은 하나입니까, 둘입니까?"
"인왕과 법왕이니라."

"어떤 것이 모든 법의 적멸한 모습입니까?"
"일어날 때에는 오직 법이 일어나고, 멸할 때에도 오직 법이 멸한다."

問古佛道場學人如何得到。師曰。汝今在什麽處。問如何是和尚圓通。師敲禪床三下。問如何是脫却根塵。師曰。莫妄想。問人王法王是一是二。師曰。人王法王。問如何是諸法寂滅相。師曰。起唯法起滅唯法滅。

---

36) 원통(圓通) : 원만 자재한 깨달은 경지.

"어떤 것이 일찍이 나지 않은 법입니까?"
"그대가 어찌 알 수 있겠는가?"

"무착(無著)이 문수를 보았건만 어째서 몰랐습니까?"
"문수는 무착을 알았으리라 여기는가?"

"뜻을 얻은 어느 집의 새로운 곡조가 묘한데, 바르게 도와주는 한 구절을 스님께서 베풀어 주시길 청합니다."
"무엇을 말하라는 것인가?"
"어찌 방편이 없으시겠습니까?"
"그대는 내 말을 알아듣지 못했다."

問如何是未曾生底法。師曰。汝爭得知。問無著見文殊為什麼不識。師曰。汝道文殊還識無著麼。問得意誰家新曲妙。正勤一句請師宣。師曰。道什麼。曰豈無方便也。師曰。汝不會我語。

 토끼뿔

∽ "어떤 것이 모든 법의 공한 모습입니까?" 했을 때

대원은 "아닌 것이 있거든 말해 봐라." 하리라.

∽ "옛사람이 말하기를 산하대지가 그대의 참 선지식이라고 하였는데, 어찌하여야 산하대지로 참 선지식을 삼겠습니까?" 했을 때

대원은 "흙덩이 쫓지 않고 사람을 무는 것이다." 하리라.

∽ "어떤 것이 화상의 원통(圓通)입니까?" 했을 때

대원은 "이렇다." 하리라.

∽ "어떤 것이 모든 법의 적멸한 모습입니까?" 했을 때

대원은 "사리야." 하리라.

낙경(洛京) 흥선(興善) 서륜(棲倫) 선사

서륜 선사에게 어떤 승려가 물었다.
"어떤 것이 부처입니까?"
대사가 말하였다.
"그대에게 이렇게 말하면 깨닫겠는가?"

"어떤 것이 서쪽에서 오신 뜻입니까?"
"전부터 마음에 새겨 두었느니라."

궁사(宮師)로서 정사를 돌보던 이계훈(李繼勳)공이 죽으니, 어떤 승려가 물었다.
"이 법은 법위(法位)에 머물러 세간에도 항상 머문다 하는데, 궁사인 이(李)공은 어느 곳을 향해 갔습니까?"
대사가 말하였다.
"그대의 질문에 드러남 같구나."

洛京興善棲倫禪師。僧問。如何是佛。師曰。向汝恁麼道即得。問如何是西來意。師曰。適來猶記得。因宮師致政李公繼勳終世。有僧問。是法住法位世間相常住。未審宮師李公向什麼處去也。師曰。恰被汝問著。

"그러면 헛되이 한 차례 물은 것이 되겠습니다."
"그대는 제법 영리하구나."

曰恁麼即虛申一問。師曰。汝不妨靈利。

 토끼뿔

"이 법은 법위(法位)에 머물러 세간에도 항상 머문다 하는데, 궁사인 이(李)공은 어느 곳을 향해 갔습니까?" 했을 때

대원은 "동서남북이니라." 하리라.

홍주(洪州) 무녕(武寧) 엄양(嚴陽) 신흥(新興) 제(齊) 선사

제(齊) 선사에게 어떤 승려가 물었다.
"어찌하여야 삼계를 벗어나겠습니까?"
대사가 말하였다.
"그대가 믿을 수 있겠는가?"
"믿기는 깊이 믿으니 화상의 자비를 바랍니다."
"이 믿는 마음만이 고금을 꿰뚫으니 빨리 궁구해 알라. 어찌하여 망설이고 있는가? 삼계를 벗어나고자 하는가? 삼계라 하나 오직 마음일 뿐이다."

대사가 눈〔雪〕 오는 것을 보고 대중에게 말하였다.
"여러 상좌들이여, 눈이 내리는 것을 보는가? 보았다면 눈(眼)이 있고, 보지 못했다면 눈〔眼〕이 없다.

洪州武寧嚴陽新興齊禪師。僧問。如何得出三界去。師曰。汝還信麼。曰信即深信乞和尚慈悲。師曰。只此信心亘古亘今。快須究取何必沈吟。要出三界三界唯心。師因雪謂眾曰。諸上座還見雪麼。見即有眼。不見無眼。

눈이 있다면 항상함이요, 눈이 없다면 곧 끊어짐이다. 이렇게 알면 부처의 몸으로 충만하리라."

어떤 승려가 물었다.
"학인이 하직하고 늑담(泐潭)으로 가고자 하니, 스님께서 저에게 들어갈 길을 가리켜 보여 주십시오."
대사가 말하였다.
"썩 좋은 들어갈 길이란 도의 마음이 견고하여 대중을 따라 참문하고, 대중을 따라 울력하는 것이다. 가려면 가고, 머무르려면 머물러라. 가거나 머무는 것에 다른 까닭이 없어야 한다. 만약 늑담에 이르렀다 한다면 마조(馬祖)를 살피지 못한 것이다."

有眼即常。無眼即斷。恁麼會得佛身充滿。僧問。學人辭去泐潭。乞和尚示箇入路。師曰。好箇入路。道心堅固。隨眾參請。隨眾作務。要去即去。要住即住。去之與住更無他故。若到泐潭不審馬祖。

🐦 토끼뿔

"어찌하여야 삼계를 벗어나겠습니까?" 했을 때

대원은 "삼계니라." 하리라.

윤주(潤州) 자운(慈雲) 광달(匡達) 선사

광달 선사에게 어떤 승려가 물었다.
"부처님께서 하나의 큰일을 위해 세상에 나타나셨는데, 화상이 세상에 나신 것은 어떠합니까?"
대사가 말하였다.
"딱 좋다."
"무엇입니까?"
"좋지 않다."

潤州慈雲匡達禪師。僧問。佛以一大事因緣故出現於世。未審和尚出世如何。師曰。恰好。曰作麼生。師曰。不好。

 토끼뿔

"부처님께서 하나의 큰일을 위해 세상에 나타나셨는데, 화상이 세상에 나신 것은 어떠합니까?" 했을 때

대원은 "어떠냐?" 하리라.

색 인 표

ㄱ

가경(제9세)(24권)
가관 선사(19권)
가나제바(2권)
가문 선사(16권)
가비마라(1권)
가선 선사(26권)
가섭불(1권)
가야사다(2권)
가지 선사(10권)
가홍 선사(26권)
가훈 선사(26권)
가휴 선사(19권)
가휴(제2세)(24권)
간 선사(22권)
감지 행자(10권)
감홍 선사(15권)
강 선사(21권)
거방 선사(4권)
거회 선사(16권)
건봉 화상(17권)
계학산 화상(19권)
견숙 선사(8권)
겸 선사(20권)
경 선사(23권)
경산 감종(10권)
경산 홍인(11권)
경상(관음원)(26권)
경상(숭복원)(26권)
경소 선사(26권)
경여(제2세)(24권)
경잠 초현(10권)
경조 현자(17권)
경조미 화상(11권)
경준 선사(25권)
경진 선사(26권)
경탈 화상(22권)
경탈 화상(29권)

경통 선사(12권)
경현 선사(26권)
경혜 선사(15권)
경혼 선사(16권)
계눌 선사(21권)
계달 선사(24권)
계번 선사(19권)
계여 암주(21권)
계유 선사(23권)
계조 선사(25권)
계종 선사(24권)
계침 선사(21권)
계허 선사(10권)
고 선사(12권)
고사 화상(8권)
고정 화상(10권)
고정간선사(16권)
고제 화상(9권)
곡산 화상(23권)
곡산장 선사(16권)
곡은 화상(15권)
공기 화상(9권)
곽산 화상(11권)
관계 지한 선사(12권)
관남 장로(30권)
관음 화상(22권)
관주 나한(24권)
광 선사(14권)
광과 선사(23권)
광달 선사(25권)
광덕(제1세)(20권)
광목 선사(12권)
광법 행흠(24권)
광보 선사(13권)
광산 화상(23권)
광오 선사(22권)
광오(제4세)(17권)
광용 선사(12권)

광우 선사(24권)
광원 화상(26권)
광인 선사(15권)
광인 선사(17권)
광일 선사(20권)
광일 선사(25권)
광제 화상(20권)
광징 선사(8권)
광혜진 선사(13권)
광화 선사(20권)
괴성 선사(26권)
교 화상(12권)
교연 선사(18권)
구 화상(24권)
구나함모니불(1권)
구류손불(1권)
구마라다(2권)
구봉 도건(16권)
구봉 자혜(11권)
구산 정원(10권)
구산 화상(21권)
구종산 화상(15권)
구지 화상(11권)
굴다삼장(5권)
귀 선사(22권)
귀본 선사(19권)
귀신 선사(23권)
귀인 선사(20권)
귀정 선사(13권)
귀종 지상(7권)
규봉 종밀(13권)
근 선사(26권)
금륜 화상(22권)
금우 화상(8권)
기림 화상(10권)

ㄴ

나찬 화상(30권)

나한 화상(11권)
나한 화상(24권)
낙보 화상(30권)
남대 성(21권)
남대 화상(20권)
남악 남대(20권)
남악 회양(5권)
남원 화상(12권)
남원 화상(19권)
남전 보원(8권)
낭 선사(23권)
내 선사(22권)
녹 화상(21권)
녹수 화상(11권)
녹원 화상(13권)
녹원휘 선사(16권)
녹청 화상(15권)

ㄷ

다복 화상(11권)
단기 선사(23권)
단하 천연(14권)
달 화상(24권)
담공 화상(12권)
담권(제2세)(20권)
담명 화상(23권)
담장 선사(8권)
담조 선사(10권)
담최 선사(4권)
대각 선사(12권)
대각 화상(12권)
대동 선사(15권)
대랑 화상(23권)
대력 화상(24권)
대령 화상(17권)
대모 화상(10권)
대법 회양(20권)
대비 화상(12권)

색 인 표

대승산 화상(23권)	도자 선사(26권)	만세 화상(9권)	문습 선사(24권)
대안 선사(9권)	도잠 선사(25권)	만세 화상(12권)	문언 선사(19권)
대양 화상(8권)	도전 선사 (17권)	명 선사(17권)	문의 선사(21권)
대육 선사(7권)	도전(제12세)(24권)	명 선사(22권)	문익 선사(24권)
대의 선사(7권)	도제(제11세)(26권)	명 선사(23권)	문흠 선사(22권)
대전 화상(14권)	도통 선사(6권)	명교 선사(22권)	문희 선사(12권)
대주 혜해(6권)	도한 선사(17권)	명달소안(제4세)(26)권	미령 화상(12권)
대천 화상(14권)	도한 선사(22권)	명법 대사(21권)	미령 화상(8권)
덕겸 선사(23권)	도행 선사(6권)	명변 대사(22권)	미선사(제2세)(23권)
덕부 스님(29권)	도헌 선사(12권)	명식 대사(22권)	미차가(1권)
덕산 선감(15권)	도흠 선사 (25권)	명오 대사(22권)	미창 화상(12권)
덕산(제7세)(20권)	도흠 선사(4권)	명원 선사(21권)	미창 화상(14권)
덕소 국사(25권)	도흠(제2세)(24권)	명진 대사(19권)	민덕 화상(12권)
덕해 선사(22권)	도희 선사(21권)	명진 선사(21권)	
도 선사(21권)	도희 선사(22권)	명철 선사(7권)	ㅂ
도간(제2세)(20권)	동계 화상(20권)	명철 선사(14권)	바사사다(2권)
도건 선사(23권)	동봉 암주(12권)	명혜 대사(24권)	바수밀(1권)
도견 선사(26권)	동산 양개(15권)	명혜 선사(22권)	바수반두(2권)
도겸 선사(23권)	동산혜 화상(9권)	모 화상(17권)	박암 화상(17권)
도광 선사(21권)	동선 화상(19권)	자사진조(12권)	반산 화상(15권)
도단 선사(26권)	동안 화상(8권)	몽계 화상(8권)	반야다라(2권)
도림 선사(4권)	동안 화상(16권)	몽필 화상(19권)	방온 거사(8권)
도명 선사(4권)	동정 화상(23권)	묘공 대사(21권)	배도 선사(30권)
도명 선사(6권)	동천산 화상(20권)	묘과 대사(21권)	배휴(12권)
도부 선사(18권)	동탑 화상(12권)	무등 선사(7권)	백거이(10권)
도부 대사(19권)	둔유 선사(17권)	무료 선사(8권)	백곡 화상(23권)
도상 선사(10권)	득일 선사(21권)	무업 선사(8권)	백령 화상(8권)
도상 선사(25권)	등등 화상(30권)	무염 대사(12권)	백수사화상(16권)
도수 선사(4권)		무원 화상(15권)	백운 화상(24권)
도신 대사(3권)	ㄹ	무은 선사(17권)	백운약 선사(15권)
도연 선사(20권)	라후라다(2권)	무일 선사(24권)	범 선사(20권)
도오(관남)(11권)		무주 선사(4권)	범 선사(23권)
도오(천황)(14권)	ㅁ	무휴 선사(20권)	법건 선사(26권)
도원 선사(26권)	마나라(2권)	문 화상(22권)	법괴 선사(26권)
도유 선사(17권)	마명 대사(1권)	문수 선사(17권)	법단 대사(11권)
도은 선사(21권)	마조 도일(6권)	문수 선사(25권)	법달 선사(5권)
도은 선사(23권)	마하가섭(1권)	문수 화상(16권)	법등 태흠(30권)
도응 선사(17권)	만 선사(22권)	문수 화상(20권)	법만 선사(13권)

색 인 표

법보 선사(22권)
법상 선사(7권)
법운 대사(22권)
법운공(27권)
법융 선사(4권)
법의 선사(20권)
법제 선사(23권)
법제(제2세)(26권)
법지 선사(4권)
법진 선사(11권)
법해 선사(5권)
법현 선사(24권)
법회 선사(6권)
변륭 선사(26권)
변실(제2세)(26권)
보 선사(22권)
보개산 화상(17권)
보개약 선사(16권)
보광 혜심(24권)
보광 화상(14권)
보리달마(3권)
보만 대사(17권)
보명 대사(19권)
보문 대사(19권)
보봉 신당(17권)
보봉 화상(15권)
보수 화상(12권)
보수소 화상(12권)
보승 선사(24권)
보안 선사(9권)
보운 선사(7권)
보응 화상(12권)
보적 선사(7권)
보지 선사(27권)
보칠 선사(7권)
보초 선사(24권)
보화 화상(10권)
보화 화상(24권)

복계 화상(8권)
복룡산(제1세)(17권)
복룡산(제2세)(17권)
복룡산(제3세)(17권)
복림 선사(13권)
복분 암주(12권)
복선 화상(26권)
복수 화상(13권)
복타밀다(1권)
본계 화상(8권)
본동 화상(14권)
본선 선사(26권)
본인 선사(17권)
본정 선사(5권)
봉 선사(11권)
봉 화상(23권)
봉린 선사(20권)
부강 화상(11권)
부나야사(1권)
부배 화상(8권)
부석 화상(11권)
불암휘 선사(12권)
불여밀다(2권)
불오 화상(8권)
불일 화상(20권)
불타 화상(14권)
불타난제(1권)
붕언 대사(26권)
비 선사(20권)
비구니 요연(11권)
비마암 화상(10권)
비바시불(1권)
비사부불(1권)
비수 화상(8권)
비전복 화상(16권)

ㅅ

사 선사(23권)

사건 선사(17권)
사구 선사(26권)
사귀 선사(22권)
사내 선사(19권)
사눌 선사(21권)
사명 선사(12권)
사명 화상((15권)
사밀 선사(23권)
사보 선사(23권)
사선 화상(16권)
사야다(2권)
사언 선사(17권)
사욱 선사(18권)
사위 선사(20권)
사자 존자(2권)
사정 상좌(21권)
사조 선사(10권)
사지 선사(26권)
사진 선사(22권)
사해 선사(11권)
사호 선사(26권)
삼상 화상(20권)
삼성 혜연(12권)
삼양 암주(12권)
상 선사(22권)
상 화상(22권)
상각 선사(24권)
상관 선사(9권)
상나화수(1권)
상전 화상(26권)
상진 선사(23권)
상찰 선사(17권)
상통 선사(11권)
상혜 선사(21권)
상홍 선사(7권)
서 선사(19권)
서륜 선사(25권)
서목 화상(11권)

서선 화상(10권)
서신 화상(20권)
서암 화상(17권)
석가모니불(1권)
석경 화상(23권)
석구 화상(8권)
석두 희천(14권)
석루 화상(14권)
석림 화상(8권)
석상 경제(15권)
석상 대선(8권)
석상 성공(9권)
석상휘 선사(16권)
석제 화상(11권)
석주 화상(16권)
선각 선사(8권)
선도 선사(20권)
선도 화상(14권)
선미(제3세)(26권)
선본 선사(17권)
선상 대사(22권)
선소 선사(13권)
선소 선사(24권)
선자 덕성(14권)
선장 선사(17권)
선정 선사(20권)
선천 화상(14권)
선최 선사(12권)
선혜 대사(27권)
설봉 의존(16권)
성공 선사(14권)
성선사(제3세)(20권)
성수엄 선사(17권)
소 화상(22권)
소계 화상(30권)
소명 선사(26권)
소산 화상(30권)
소수 선사(24권)

색인표

소암 선사(25권)
소요 화상(8권)
소원(제4세)(24권)
소자 선사(23권)
소종 선사(12권)
소진 대사 (12권)
소현 선사(25권)
송산 화상(8권)
수 선사(24권)
수계 화상(8권)
수공 화상(14권)
수눌 선사(19권)
수눌 선사(26권)
수당 화상(8권)
수로 화상(8권)
수룡산 화상(21권)
수륙 화상(12권)
수빈 선사(21권)
수산 성념(13권)
수안 선사(24권)
수월 대사(21권)
수유산 화상(10권)
수인 선사(25권)
수진 선사(24권)
수청 선사(22권)
순지 대사(12권)
숭 선사(22권)
숭교 대사(23권)
숭산 화상(10권)
숭은 화상(16권)
숭진 화상(23권)
숭혜 선사(4권)
습득(27권)
승 화상(23권)
승가 화상(27권)
승가난제(2권)
승광 화상(11권)
승나 선사(3권)

승둔 선사(26권)
승밀 선사(15권)
승일 선사(16권)
승찬 대사(3권)
시기불(1권)
시리 선사(14권)
신건 선사(11권)
신당 선사(17권)
신라 청원(17권)
신록 선사(23권)
신수 선사(4권)
신안 국사(18권)
신장 선사(8권)
신찬 선사(9권)
실성 대사(22권)
심 선사(23권)
심철 선사(20권)
쌍계전도자(12권)

ㅇ

아난 존자(1권)
악록산 화상(22권)
안선사(제1세)(20권)
암 화상(20권)
암두 전활(16권)
암준 선사(15권)
앙산 혜적(11권)
애 선사(23권)
약산 유엄(14권)
약산(제7세)(23권)
약산고 사미(14권)
양 선사(6권)
양 좌주(8권)
양광 선사(25권)
양수 선사(9권)
언단 선사(22권)
언빈 선사(20권)
엄양 존자(11권)

여눌 선사(15권)
여만 선사(6권)
여민 선사(11권)
여보 선사(12권)
여신 선사(22권)
여체 선사(19권)
여회 선사(7권)
역촌 화상(12권)
연 선사(21권)
연관 선사(24권)
연교 대사(12권)
연규 선사(25권)
연덕 선사(26권)
연무 선사(17권)
연수 선사(26권)
연수 화상(23권)
연승 선사(26권)
연종 선사(19권)
연화(제2세)(23권)
연화상(제2세)(23권)
영 선사(19권)
영가 현각(5권)
영각 화상(20권)
영감 선사(26권)
영감 화상(23권)
영관사(12권)
영광 선사(24권)
영규 선사(15권)
영도 선사(5권)
영명 대사(18권)
영묵 선사(7권)
영서 화상(13권)
영숭(제1세)(23권)
영안(제5세)(26권)
영암 화상(23권)
영엄 선사(23권)
영운 지근(11권)
영준 선사(15권)

영초 선사(16권)
영태 화상(19권)
영평 선사(23권)
영함 선사(21권)
영훈 선사(10권)
오공 대사(23권)
오공 선사(24권)
오구 화상(8권)
오운 화상(30권)
오통 대사(23권)
온선사(제1세)(20권)
와관 화상(16권)
와룡 화상(17권)
와룡 화상(20권)
왕경초상시(11권)
요 화상(23권)
요각(제2세)(21권)
요공 대사(21권)
요산 화상(11권)
요종 대사(21권)
용 선사(20권)
용수 존자(1권)
용계 화상(20권)
용광 화상(20권)
용담 숭신(14권)
용산 화상(8권)
용아 거둔(17권)
용운대 선사(9권)
용준산 화상(17권)
용천 화상(23권)
용청 선사(26권)
용혈산 화상(23권)
용회 도심(30권)
용홍 화상(17권)
우녕 선사(26권)
우두미 선사(15권)
우바국다(1권)
우섬 선사(26권)

색 인 표

우안 선사(26권)
우연 선사(21권)
우연 선사(22권)
우진 선사(26권)
운개 지한(17권)
운개경 화상(17권)
운산 화상(12권)
운암 담성(14권)
운주 화상(20권)
운진 선사(23권)
원 선사(22권)
원 화상(23권)
원광 선사(23권)
원규 선사(4권)
원명 선사(11권)
원명(제3세)(23권)
원명(제9세)(22권)
원소 선사(26권)
원안 선사(16권)
원엄 선사(19권)
원제 선사(26권)
원조 대사(23권)
원지 선사(14권)
원지 선사(21권)
월륜 선사(16권)
월화 화상(24권)
위 선사(20권)
위국도 선사(9권)
위부 화엄(30권)
위산 영우(9권)
유 선사(24권)
유 화상(24권)
유건 선사(6권)
유경 선사(29권)
유계 화상(15권)
유관 선사(7권)
유연 선사(17권)
유원 화상(8권)

유장 선사(20권)
유정 선사(4권)
유정 선사(6권)
유정 선사(9권)
유척 선사(4권)
육긍 대부(10권)
육통원소선사(17권)
윤 선사(22권)
윤 스님(29권)
은미 선사(23권)
은봉 선사(8권)
응천 화상(11권)
의능(제9세)(26권)
의류 선사(26권)
의소 화상(23권)
의안 선사(14권)
의원 선사(26권)
의유(제13세)(26권)
의인 선사(23권)
의전 선사(26권)
의초 선사(12권)
의총 선사(22권)
의총 선사(14권)
이산 화상(8권)
이종 선사(10권)
인 선사(19권)
인 선사(22권)
인 화상(23권)
인검 선사(4권)
인종 화상(5권)
인혜 대사(18권)
일용 화상(11권)
일자 화상(10권)
임전 화상(19권)
임제 의현(12권)
임천 화상(22권)

ㅈ

자광 화상(23권)
자국 화상(16권)
자동 화상(11권)
자만 선사(6권)
자복 화상(22권)
자재 선사(7권)
자화 화상(22권)
장 선사(20권)
장 선사(23권)
장경 혜릉(18권)
장용 선사(22권)
장이 선사(10권)
장평산 화상(12권)
적조 선사(21권)
전긍 선사(26권)
전법 화상(23권)
전부 선사(12권)
전식 선사(4권)
전심 대사(21권)
전은 선사(24권)
전초 선사(20권)
정 선사(21권)
정과 선사(20권)
정수 대사(22권)
정수 선사(13권)
정오 대사(21권)
정오 선사(20권)
정원 화상(23권)
정조 혜동(26권)
정혜 선사(24권)
정혜 화상(21권)
제 선사(25권)
제다가(1권)
제봉 화상(8권)
제안 선사(7권)
제안 화상(10권)
조 신사(9권)
조 선사(22권)

조산 본적(17권)
조수(제2세)(24권)
조주 종심(10권)
존수 선사(16권)
종괴 선사(21권)
종귀 선사(22권)
종랑 선사(11권)
종범 선사(17권)
종선 선사(24권)
종성 선사(23권)
종습 선사(19권)
종실 선사(23권)
종의 선사(26권)
종일 선사(21권)
종일 선사(26권)
종전 선사(19권)
종정 선사(19권)
종지 선사(20권)
종철 선사(12권)
종현 선사(25권)
종혜 대사(23권)
종효 선사(21권)
종혼 선사(21권)
주 선사(24권)
주지 선사(21권)
준 선사(24권)
준고 선사(15권)
중도 화상(20권)
중만 선사(23권)
중운개 화상(16권)
중흥 선사(15권)
증각 선사(23권)
증선사(제2세)(20권)
지 선사(4권)
지견 선사(6권)
지관 화상(12권)
지구 선사(22권)
지균 선사(25권)

색인표 269

색 인 표

지근 선사(26권)
지단 선사(22권)
지덕 대사(21권)
지도 선사(5권)
지륜 선사(24권)
지묵(제2세)(22권)
지봉 대사(26권)
지봉 선사(4권)
지부 선사(18권)
지상 선사(5권)
지성 선사(5권)
지암 선사(4권)
지엄 선사(24권)
지옹(제3세)(24권)
지원 선사(16권)
지원 선사(17권)
지원 선사(21권)
지위 선사(4권)
지은 선사(24권)
지의 대사(25권)
지의 선사(27권)
지의 화상(12권)
지장 선사(7권)
지장 화상(24권)
지적 선사(22권)
지조(제3세)(23권)
지진 선사(9권)
지징 대사(26권)
지철 선사(5권)
지통 선사(10권)
지통 선사(5권)
지행(제2세)(23권)
지황 선사(5권)
지휘 선사(20권)
진 선사(20권)
진 선사(23권)
진 존숙(12권)
진각 대사(18권)

진각 대사(24권)
진감(제4세)(23권)
진랑 선사(14권)
진응 선사(13권)
진적 선사(21권)
진적 선사(23권)
진화상(제3세)(23권)
징 선사(22권)
징 화상(24권)
징개 선사(24권)
징원 선사(22권)
징정 선사(21권)
징조 대사(15권)

ㅊ

찰 선사(29권)
창선사(제3세)(20권)
책진 선사(25권)
처미 선사(9권)
처진 선사(20권)
천개유 선사(16권)
천룡 화상(10권)
천복 화상(15권)
천왕원 화상(20권)
천태 화상(17권)
청간 선사(12권)
청교 선사(23권)
청면(제2세)(23권)
청모 선사(24권)
청법 선사(21권)
청석 선사(25권)
청양 선사(13권)
청요 선사(23권)
청용 선사(25권)
청욱 선사(26권)
청원 화상(17권)
청원 행사(5권)

청좌산 화상(20권)
청진 선사(23권)
청품(제8세)(23권)
청해 선사(23권)
청해 선사(24권)
청호 선사(21권)
청환 선사(21권)
청활 선사(22권)
초 선사(20권)
초남 선사(12권)
초당 화상(8권)
초복 화상(15권)
초오 선사(19권)
초증 대사(18권)
초훈(제4세)(24권)
총인 선사(7권)
추산 화상(17권)
충언(제8세)(23권)
취미 무학(14권)
칙천 화상(8권)
침 선사(22권)

ㅌ

타지 화상(8권)
태원부 상좌(19권)
태흠 선사(25권)
통 선사(17권)
통 선사(19권)
통법 도성(26권)
통변 도홍(26권)
통화상(제2세)(24권)
투자 감온(15권)

ㅍ

파조타 화상(4권)
파초 화상(16권)
파초 화상(20권)

포대 화상(27권)
풍 선사(23권)
풍간 선사(27권)
풍덕사 화상(12권)
풍혈 연소(13권)
풍화 화상(20권)

ㅎ

하택 신회(5권)
학륵나(2권)
학림 선사(4권)
한 선사(10권)
한산자(27권)
함계 선사(17권)
함광 선사(24권)
함택 선사(21권)
항마장 선사(4권)
해안 선사(16권)
해호 화상(16권)
행랑 선사(23권)
행명 대사(26권)
행수 선사(17권)
행숭 선사(22권)
행애 선사(23권)
행언 도사(25권)
행인 선사(23권)
행전 선사(20권)
행주 선사(19권)
행충(제1세)(23권)
향 거사(3권)
향성 화상(20권)
향엄 지한(11권)
향엄의단선사(10권)
헌 선사(20권)
현눌 선사(19권)
현량 선사(24권)
현밀 선사(23권)
현사 사비(18권)

색 인 표

현소 선사(4권)
현오 선사(20권)
현정 대사(4권)
현지 선사(24권)
현진 선사(10권)
현책 선사(5권)
현천언 선사(17권)
현천(제2세)(23권)
현척 선사(25권)
현태 상좌(16권)
현통 선사(18권)
협 존자(1권)
협산 선회(15권)
혜 선사(20권)
혜 선사(22권)
혜 선사(23권)
혜가 대사(3권)
혜각 대사(21권)
혜각 선사(11권)
혜거 국사(25권)
혜거 선사(20권)
혜거 선사(26권)
혜공 선사(16권)
혜광 대사(23권)
혜능 대사(5권)
혜달 선사(26권)
혜랑 선사(14권)
혜랑 선사(21권)
혜랑 선사(26권)
혜렴 선사(22권)
혜류 대사(22권)
혜만 선사(3권)
혜명 선사(25권)
혜방 선사(4권)
혜사 선사(27권)
혜성 선사(14권)
혜성(제14세)(26권)
혜안 국사(4권)

혜오 선사(21권)
혜원 선사(25권)
혜월법단(제3세)(26권)
혜일 대사(11권)
혜장 선사(6권)
혜제 선사(25권)
혜종 선사(17권)
혜철(제2세)(23권)
혜청 선사(12권)
혜초 선사(9권)
혜충 국사(5권)
혜충 선사(4권)
혜충 선사(23권)
혜하 대사(20권)
혜해 선사(20권)
호감 대사(22권)
호계 암주(12권)
홍구 선사(12권)
홍나 화상(8권)
홍변 선사(9권)
홍엄 선사(21권)
홍은 선사(6권)
홍인 대사(3권)
홍인 선사(22권)
홍장(제4세)(23권)
홍제 선사(23권)
홍진 선사(24권)
홍천 선사(16권)
홍통 선사(20권)
화룡 화상(23권)
화림 화상(14권)
화산 화상(17권)
화엄 화상(20권)
환보 선사(16권)
환중 선사(9권)
황룡(제2세)(26권)
왕벽 희운(9권)
회기 대사(23권)

회악 선사(18권)
회악(제4세)(20권)
회우 선사(16권)
회운 선사(7권)
회운 선사(20권)
회정 선사(9권)
회주 선사(23권)
회초(제2세)(23권)
회초 선사(16권)
회통 선사(4권)
회해 선사(6권)
횡룡 화상(23권)
효료 선사(5권)
효영(제5세)(26권)
효오 대사(21권)
후 화상(22권)
후동산 화상(20권)
후초경 화상(22권)
휴정 선사(17권)
흑간 화상(8권)
흑수 화상(24권)
흑안 화상(8권)
흥고 선사(23권)
흥법 대사(18권)
흥평 화상(8권)
흥화 존장(12권)
희변 선사(26권)
희봉 선사(25권)
희원 선사(26권)

부록은 농선 대원 선사님의 인가 내력과 법어 그리고 대원 선사님께서 직접 작사하신 노래 가사를 실었다. 특히 요즘 선지식 없이 공부하는 이들을 위하여 수행의 길로부터 불보살님의 누림까지 닦아 증득할 수 있도록 '부록4'에 '가슴으로 부르는 불심의 노래' 가사를 담았으니 끝까지 정독하여 수행의 요긴한 지침이 되기를 바란다.

부 록

부록1 농선 대원 선사님 인가 내력 275

부록2 농선 대원 선사님 법어 283

부록3 21세기에 인류가 해야 할 일 313

부록4 가슴으로 부르는 불심의 노래 317

농선 대원 선사님 인가 내력

제 1 오도송

이 몸을 끄는 놈 이 무슨 물건인가?
골똘히 생각한 지 서너 해 되던 때에
쉬이하고 불어온 솔바람 한 소리에
홀연히 대장부의 큰 일을 마치었네

무엇이 하늘이고 무엇이 땅이런가
이 몸이 청정하여 이러-히 가없어라
안팎 중간 없는 데서 이러-히 응하니
취하고 버림이란 애당초 없다네

하루 온종일 시간이 다하도록
헤아리고 분별한 그 모든 생각들이
옛 부처 나기 전의 오묘한 소식임을
듣고서 의심 않고 믿을 이 누구인가!

此身運轉是何物
疑端汨沒三夏來
松頭吹風其一聲
忽然大事一時了

何謂靑天何謂地
當體淸淨無邊外
無內外中應如是
小分取捨全然無

一日於十有二時
悉皆思量之分別
古佛未生前消息
聞者卽信不疑誰

　대원 선사님의 스승이신 불조정맥 제77조 조계종(曹溪宗) 전강(田岡) 대선사님께서 1962년 대구 동화사의 조실로 계실 당시 대원 선사님께서도 동화사에 함께 머무르고 계셨다.
　하루는 전강 대선사님께서 대원 선사님의 3연으로 되어 있는 제1오도송을 들어 깨달은 바는 분명하나 대개 오도송은 짧게 짓는다고 말씀하셨다. 이에 대원 선사님께서는 제1오도송을 읊은 뒤, 도솔암을 떠나 김제들을 지나다가 석양의 해와 달을 보고 문득 읊었던 제2오도송을 일러드렸다.

　　제 2 오도송

해는 서산 달은 동산 덩실하게 얹혀 있고
김제의 평야에는 가을빛이 가득하네
대천이란 이름자도 서지를 못하는데
석양의 마을길엔 사람들 오고 가네

日月兩嶺載同模
金提平野滿秋色
不立大千之名字
夕陽道路人去來

제2오도송을 들으신 전강 대선사님께서는 이에 그치지 않고 그와 같은 경지를 담은 게송을 이 자리에서 즉시 한 수 지어볼 수 있겠냐고 하셨다. 내원 선사님께서는 곧바로 다음과 같이 읊으셨다.

바위 위에는 솔바람이 있고
산 아래에는 황조가 날도다

대천도 흔적조차 없는데
달밤에 원숭이가 어지러이 우는구나

岩上在松風
山下飛黃鳥
大千無痕迹
月夜亂猿啼

　전강 대선사님께서는 위 송의 앞의 두 구를 들으실 때만 해도 지그시 눈을 감고 계시다가 뒤의 두 구를 마저 채우자 문득 눈을 뜨고 기뻐하는 빛이 역력하셨다.
　그러나 전강 대선사님께서는 여기에서도 그치지 않고 다시 한 번 물으셨다.
　"대중들이 자네를 산으로 불러내어 그 중에 법성(향곡 스님 법제자인 진제 스님. 동화사 선방에 있을 당시에 '법성'이라 불렸고, 나중에 '법원'으로 개명하였다.)이 달마불식(達磨不識) 도리를 일러보라 했을 때 '드러났다'라고 답했다는데, 만약에 자네가 당시의 양무제였다면 '모르오'라고 이르고 있는 달마 대사에게 어떻게 했겠는가?"
　대원 선사님께서 답하셨다.
　"제가 양무제였다면 '성인이라 함도 서지 못하나 이러-히 짐의 덕화와 함께 어우러짐이 더욱 좋지 않겠습니까?' 하며 달마 대사의 손을 잡아 일으켰을 것입니다."
　전강 대선사님께서 탄복하며 말씀하셨다.
　"어느새 그 경지에 이르렀는가?"

"이르렀다곤들 어찌하며, 갖추었다곤들 어찌하며, 본래라곤들 어찌하리까? 오직 이러-할 뿐인데 말입니다."

대원 선사님께서 연이어 말씀하시자 전강 대선사님께서 이에 환희하시니 두 분이 어우러진 자리가 백아가 종자기를 만난 듯, 고수명창 어울리듯 화기애애하셨다.

달마불식 공안에 대한 위의 문답은 내력이 있는 것이다. 전강 대선사님께서 대원선사님을 부르시기 며칠 전에, 저녁 입선 시간 중에 노장님 몇 분만이 자리에 앉아있을 뿐 자리가 텅텅 비어 있었다고 한다.

대원 선사님께서 이상히 여기고 있던 중, 밖에서 한 젊은 수좌가 대원선사님을 불렀다. 그 수좌의 말이 스님들이 모두 윗산에 모여 기다리고 있으니 가자고 하기에 무슨 일인가 하고 따라가셨다.

그러자 그 자리에 있던 법성 스님이 보자마자 달마불식 법문을 들고 이르라고 하기에 지체없이 답하셨다.

"드러났다."

곁에 계시던 송암 스님께서 또 안수정등 법문을 들고 물으셨다.

"여기서 어떻게 살아나겠소?"

대뜸 큰소리로 이르셨다.

"안·수·정·등."

이에 좌우에 모인 스님늘이 함구무언(緘口無言)인지라 대원 신사님께서는 먼저 그 자리를 떠나 내려와 버리셨다.

그 다음날 입승인 명히 스님께서 아침 공양이 끝난 자리에서 지난 밤 입선시간 중에 무단으로 자리를 비운 까닭을 묻는 대중 공사를 붙여

부록1 - 농선 대원 선사님 인가 내력

산 중에서 있었던 일들이 낱낱이 드러나고 말았다. 그리하여 입선시간 중에 자리를 비운 스님들은 가사 장삼을 수하고 조실인 전강 대선사님께 참회의 절을 했던 일이 있었다.

전강 대선사님께서는 이때에 대원 선사님께서 달마불식 도리에 대해 일렀던 경지를 점검하셨던 것이다.

이런 철저한 검증의 자리가 있었던 다음 날, 전강 대선사님께서 부르시기에 대원 선사님께서 가보니 모든 것이 약조된 데에서 주지인 월산(月山) 스님께서 입회해 계셨으며 전강 대선사님께서는 곧바로 다음과 같이 전법게(傳法偈)를 전해주셨다.

전 법 게

부처와 조사도 일찍이 전한 것이 아니거늘
나 또한 어찌 받았다 하며 준다 할 것인가
이 법이 2천년대에 이르러서
널리 천하 사람을 제도하리라

佛祖未曾傳
我亦何受授
此法二千年
廣度天下人

덧붙여 이 일은 월산 스님이 증인이며 2000년까지 세 사람 모두 절대 다른 사람이 알게 하거나 눈에 띄게 하지 않아야 한다고 당부하셨다.

만약 그러지 않을 시에는 대원 선사님께서 법을 펴 나가는데 장애가 있을 것이라고 예언하셨다. 또한 각별히 신변을 조심하라 하시고 월산 스님에게 명령해 대원선사님을 동화사의 포교당인 보현사에 내려가 교화에 힘쓰게 하셨다.

대원 선사님께서 보현사로 떠나는 날, 전강 대선사님께서는 미리 적어두셨던 부송(付頌)을 주셨으니 다음과 같다.

부 송

어상을 내리지 않고 이러-히 대한다 함이여
뒷날 돌아이가 구멍 없는 피리를 불리니
이로부터 불법이 천하에 가득하리라

不下御床對如是
後日石兒吹無孔
自此佛法滿天下

위의 게송에서 '어상을 내리지 않고 이러-히 대한다 함이여'라는 첫째 줄 역시 내력이 있는 구절이다.

전에 대원 선사님께서 전강 대선사님을 군산 은적사에서 모시고 계실 당시 마당에서 홀연히 마주쳤을 때 다음과 같은 문답이 있었다.

전강 대선사님께서 물으셨다.

"공적(空寂)의 영지(靈知)를 이르게."

대원 선사님께서 대답하셨다.

"이러-히 스님과 대담(對談)합니다."

"영지의 공적을 이르게."

"스님과의 대담에 이러-합니다."

"어떤 것이 이러-히 대답하는 경지인가?"

"명왕(明王)은 어상(御床)을 내리지 않고 천하 일에 밝습니다."

위와 같은 문답 중에 대원 선사님께서 답하신 경지를 부송의 첫째 줄에 담으신 것이다.

전강 대선사님께서 대원선사님을 인가(印可)하신 과정을 볼 때 한 번, 두 번, 세 번을 확인하여 철저히 점검하신 명안종사의 안목에 탄복하지 않을 수 없으며 이에 끝까지 1초의 머뭇거림도 없이 명철하셨던 대원선사님께 찬탄하지 않을 수 없다.

그리하여 법열로 어우러진 두 분의 자리가 재현된 듯 함께 환희용약하지 않을 수 없다.

이제 전강 대선사님과 약속한 2천년대를 맞이하였으므로 여기에 전법게를 밝힌다.

이로써 경허, 만공, 전강 대선사님으로 내려온 근대 대선지식의 정법의 횃불이 이 시대에 이어져 전강 대선사님의 예언대로 불법이 천하에 가득할 것이다.

농선 대원 선사님 법어

깨달음은 실증실수다. 그러나 지금의 불교가 잘못된 견해와 지식으로 불조의 가르침을 왜곡하고 견성성불 하고자 애쓰는 수행인들을 오히려 길을 잃고 헤매게 하고 있다.

그래서 이 장에서는 대원 선사님의 혜안으로 제방에서 논의되는 불교의 핵심적인 대목을 밝혀, 불조의 근본 종지를 드러내고 불교가 나아가야 할 바를 보였다.

깨달음의 정수를 담은 12게송은 실제 깨닫지 못하고 말로만 깨달음을 말하거나 혹은 깨달았다 해도 보림이 미진한 이들을 경계하게 하며 실증의 바탕에서 닦아 증득할 수 있도록 하였으니, 생사를 결단하고 본연한 참나를 회복하려는 이들에게 칠흑 같은 밤길에 등불과 같은 길잡이가 될 것이다.

화두실참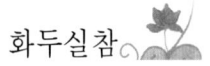

　제방의 선방 상황을 보면 목적지에 이르는 길을 몰라 노정길을 묻고 있는 격이다. 무자와 이뭐꼬 화두가 최고라 하면서도 실제 실참을 하지 못하고 있기 때문이다. '이 무엇인고?' 하면서 이 눈으로 보려 한다면 경계 위에서 찾는 것이어서 억만 겁을 두고 찾아도 찾을 수 없다. 그러므로 깨달아 일체종지를 이룬 스승의 분명한 안목의 지도가 없다면 화두를 들든, 관법을 행하든, 염불을 하든 깨달음을 기약한다는 것이 정말 어렵다 할 것이다.

오후보림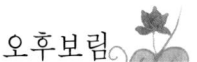

　설사 깨달음을 성취했다 해도 그것은 공부의 끝이 아니다. 오후보림을 통해 업을 다해야만 육신통을 자재할 수 있게 되는 것이다. 일상에 육신통을 자재하는 구경본분의 경지일 때 비로소 공부를 마쳤다 할 것이다.

개유불성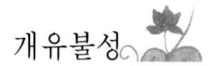

부처님께서 분명히 준동함령 개유불성(蠢動含靈 皆有佛性)이라고 하셨다. 이것은 모든 만물이 다 부처가 될 성품을 갖고 있다는 뜻이다. 불성이 하나라고 주장하는 목소리가 불교계에 드높으나 이것은 개유불성 즉, 낱낱이 제 불성은 제가 지니고 있다는 부처님의 말씀을 정면으로 어기는 말이다.

옛 선사님 말씀에 '천지(天地)가 여아동근(與我同根)이고 만물(万物)이 여아일체(與我一切)'라고 했다. '천지가 여아동근이다' 라는 것은 하늘 땅이 나와 더불어 같은 뿌리라는 말이다.

'나와 더불어'라고 했고 또한 한 뿌리가 아니라 같은 뿌리라고 했다. '더불 여(與)'자와 '같을 동(同)'자가 이미 하나라 할 수 없다는 것을 말해주고 있다. 즉 이 말은 하나와도 같다, 한결같이 똑같다는 말이다. 하나라면 '같을 동'자 뿐만 아니라 일이란 글자도 설 수 없다. 일은 이가 있을 때에야 비로소 설 수 있는 것이다.

그러므로 '천지가 여아동근이다' 즉 하늘과 땅이 나와 더불어 같은 뿌리라는 것은 모든 것이 한결같이 가없는 성품 자체에서 비롯되었다는 말이다.

또한 '만물이 여아일체이다' 즉 만물이 나와 더불어 한 몸이라는 말에서 일체란 하나의 몸을 말하는 것이 아니라 모든 불성이 가없는 성품 자체로 서로 상즉한 온통인 몸을 말하는 것이어서 만물이 나와 더불어 상즉한 자체를 말한 것이다.

공부를 많이 한 사람이 외도에 깊이 떨어지는 경우가 있다. 인가를 받지 못한 선지식들이 모두 체성을 보지 못한 이는 아니다. 가없는 성품 자체에 사무치고 보니 도저히 둘일 수가 없으므로 불성이 하나라고 한 것이다. 그러나 불성이 하나라고 하는 것은 바른 깨달음이 아니다. 그래서 인가를 받지 않으면 외도라 하는 것이다. 체성에 사무쳤다 해도 스승의 지도를 받아 일체종지를 이루지 못하면 이런 큰 허물을 짓는 것이다.

만약 불성이 하나라고 하는 이가 있으면 "아픈 것을 느끼는 것이 몸뚱이냐, 자성이냐?"라고 물어야 한다. 그러면 당연히 누구나 자성이라고 답할 것이다. 만약 몸뚱이가 아픔을 느끼는 것이라면 시체도 아픔을 느껴야 하기 때문이다. 이렇게 볼 때에 자성이 하나라면 누군가 아플 때 동시에 모두 아픔을 느껴야 할 것이다. 또한 한 사람이 생각을 일으킬 때 이를 모두 알아야 한다. 불성이 하나라면 마음도 하나여서 다른 마음이 있을 수 없기 때문이다.

돈오돈수

제방에 돈오돈수(頓悟頓修)에 대한 여러 가지 서로 다른 주장으로 시비가 끊어지지 않고 있다. 이로 인해 수행자들이 견성하면 더 이상 닦을 것이 없다는 그릇된 견해에 집착하거나 의심을 일으킬까 염려하여 여기에 바른 돈오돈수의 이치를 밝히고자 한다.

견성이 곧 돈오돈수라고 하는 분들이 많다.
그러나 견성이 곧 구경지인 성불이라면 돈오면 그만이지 돈수란 말은 왜 해놓았겠는가?
또한 오후보림(悟後保任)이라는 말은 무슨 말인가?

금강경에는 네 가지 상(我相, 人相, 衆生相, 壽者相)만 여의면 곧 중생이 아니라는 말이 수없이 되풀이되고 있다.
그런데 제구 일상무상분(第九 一相無相分)을 볼 때 다툼이 없는(곧 모든 상을 여읜) 삼매인(三昧人) 가운데 제일인 아라한도 구경지가 아니니 보살도를 닦아 등각을 거쳐야 구경성불인 묘각지에 이른다는 사실을 알 수 있다.
또한, 제이십삼 정심행선분(第二十三 淨心行善分)을 보면 부처님께서 "아도 없고, 인도 없고, 중생도 없고, 수자도 없는 가운데 모든 선법(善法)을 닦아야 곧 아뇩다라삼먁삼보리를 얻는다."라고 말씀하시고 있으니 이것은 다름이 아니라 견성한 후에 견성을 한 지혜로써 항상 체성을 여의지 않고, 남은 업을 모두 닦아 본래 갖춘 지혜덕상을 원만하게 회복시켜야 구경성불할 수 있다는 말씀이다.

그렇다면 어째서 돈수일까?
'돈'이란 시공이 설 수 없는 찰나요, '수'란 시간과 공간 속에서 닦는 것이다.
단박에 마친다면 '돈'이면 그만이고, 견성 이전이든 이후든 닦음이 있다면 '수'라고만 할 것이지 어째서 돈과 수가 함께 할 수 있을까? 그야말로 물의 차고 더움은 그 물을 마셔본 자만이 알듯이 깨달은 사람만이 알 것이다.

사무쳐 깨달고 보니 시공이 서지 않아 이러-히 닦아도 닦음이 없으니 네 가지 상이 없는 가운데 모든 선법을 닦는 것이요, 단박에 깨달으니 색공(色空)이 설 수 없어 이러-한 경지에서 닦음 없이 닦으니 네 가지 상이 없는 가운데 모든 선법을 닦는 것이다.
이와 같이 깨달아서 깨달은 바 없고, 닦아서는 닦은 바 없이 닦아, 남음이 없는 구경지인 성불에 이르는 과정을 돈오돈수라 한다.

견성하면 마음 이외의 다른 물건이 없는 경지인데 어떻게 닦음이 있을 수 있는가 하고 의심하는 분들이 많다. 그러나 견성했다 해도 헤아릴 수 없는 겁 동안에 길들여온 업으로 인하여 경계를 대하면 깨달아 사무친 바와 늘 일치하지는 못한다.

그래서 견성한 지혜로써 항상 체성을 여의지 않고 억겁에 익혀온 업을 제거하고 지혜 덕상을 원만하게 회복시켜야 구경성불할 수 있다.

이것이 앞에서 밝혔듯 금강경에서 부처님께서 하신 말씀이요, 돈오돈수를 주창한 당사자인 육조 대사님께서 하신 말씀이다.

육조단경 돈황본 이십칠 상대법편과 이십팔 참됨과 거짓을 보면 육조 대사님께서 당신의 설법언하에 대오하고도 슬하에서 3, 40년간 보림한 십대 제자들을 모아놓고 말씀하신다.

"내가 떠난 뒤에 너희들은 각각 일방의 지도자가 될 것이다. 그러므로 내가 너희들에게 설법하는 것을 가르쳐서 근본종지를 잃지 않도록 해주리라. 나오고 들어감에 곧 양변을 여의도록 하라." 하시고 삼과(三科)의 법문과 삼십육대법(三十六對法)을 설하셨다.

뿐만 아니라 2, 3개월 후 다시 십대 제자들을 모아놓고 "8월이 되면 세상을 떠나고자 하니 너희들은 의심이 있거든 빨리 물어라. 내가 떠난 뒤에는 너희들을 가르쳐 줄 사람이 없다." 하시며 진가동정게(眞假動靜偈)를 설하시고 외워 가져 수행하여 종지를 잃지 않도록 하라고 거듭 당부를 하시고 있다.

이것을 보아서도 이 사람이 말한 돈오돈수와 육조 대사께서 말씀하신 돈오돈수가 같다는 것을 알 수 있을 것이다.

다시 한 번 밝히자면 돈오란 자신의 체성을 단박에 깨닫는 것이요, 돈수란 깨달은 체성의 지혜로써 닦음 없이 닦는 것으로 이것이 곧 오후 보림이며, 수행자들이 퇴전하지 않고 구경성불할 수 있는 바른 수행의 길이다.

다음은 전등록 제 9권에서 추출한 것이다.

"돈오(頓悟)한 사람도 닦아야 합니까?"

"만일 참되게 깨달아 근본을 얻으면 그대가 스스로 알게 될 것이니 닦는다, 닦지 않는다 하는 것은 두 가지의 말일 뿐이다. 처음으로 발심한 사람들이 비록 인연에 따라 한 생각에 본래의 이치를 단박에 깨달았으나 아직도 비롯함이 없는 여러 겁의 습기(習氣)는 단박에 없어지지 않으므로, 그것을 깨끗이 하기 위하여 현재의 업과 의식의 흐름을 차츰차츰 없애야 하나니 이것이 닦는 것이다. 그것에 따로이 수행하게 하는 법이 있다고 말하지 마라.

들음으로 진리에 들고, 진리를 듣고 묘함이 깊어지면 마음이 스스로 두렷이 밝아져서 미혹한 경지에 머무르지 않으리라. 비록 백천 가지 묘한 이치로써 당대를 휩쓴다 하여도 이는 자리에 앉아서 옷을 입었다가 다시 벗는 것으로써 살림을 삼는 것이니, 요약해서 말하면 실제 진리의 바탕에는 한 티끌도 받아들이지 않지만 만행을 닦는 부문에서는 한 법도 버리지 않느니라. 만일 깨달았다는 생각마저 단번에 자르면 범부니 성인이니 하는 생각이 다하여, 참되고 항상한 본체가 드러나 진리와 현실이 둘이 아니어서 여여한 부처이니라."

"무엇이 돈오(頓悟)이며, 무엇을 점수(漸修)라 합니까?"

"자기의 성품이 부처와 똑같다는 것은 단박에 깨달았으나 비롯함이 없는 옛적부터의 습관은 단박에 제거할 수 없으므로 차츰 물리쳐서 성품에 따라 작용을 일으켜야 하니, 마치 사람이 밥을 먹을 때에 첫술에 배가 부르지 않는 것과 같다."

간화선인가 묵조선인가

　나에게 "당신의 지도는 간화입니까, 묵조입니까?"라고 묻는 이들이 있다. 나의 지도법에는 애당초부터 간화니 묵조니 하는 것이 없다. 가없는 성품 자체로 일상을 지어가라는 말이 바로 그것을 대변해주고 있다. 묵조선과 간화선이 나뉜 것은 육조 대사 이후여서 육조 대사 당시까지만 해도 묵조선이니, 간화선이니 하여 나누지 않았다. 나는 육조 대사 당시의 법을 그대로 펴고 있는 것이다.

　묵조선과 간화선은 원래 종파가 아니다. 지도받는 이의 근기에 따라 지도한 방편일 뿐이다. 들뜬 생각과 분별망상에서 이끌어내기 위한 방편으로 지도한 것이 묵조선이다. 그렇게 이끌어서 깨달아 사무치면 깨달아 사무친 경지가 일상이 되게끔 다시 이끌어 주어야 하는 것이다.
　달마 대사를 묵조선이라고 하는데 중국에 오기 전 달마 대사가 육파외도(六派外道)를 조복시키는 대목을 보면 달마 대사가 묵조선이 아니라는 것이 역력히 드러난다.
　다만 황제가 법문을 할 정도였던 그 시대의 교리 위주의 이론불교를 근본불교에 이르게 하기 위한 방편으로 "밖으로 반연하여 일으키는 모든 생각을 쉬고 안으로 구하는 마음마저 쉬어라."라고 가르친 것이다.
　간화선도 마찬가지여서 화두라는 용광로에 일체 분별망상을 녹여 없앰으로써 밖으로 반연하여 일으키는 모든 생각을 쉬고, 안으로 구하는 마음마저 쉬게 하여 깨닫게끔 한 것이다.

즉 화두를 들어도 이런 경지에 이르러야 깨달을 수 있는 것이다. 오롯이 끊어지지 않게 화두를 들어서 오직 이러한 경지에 이르러 있다가 어떤 경계에 문득 부딪힘으로써 깨닫게 된다. 결국에는 화두인 모든 공안도리 역시 사무쳐 깨닫게 하기 위한 방편이다.

그러므로 수기설법(隨機說法)하고 응병여약(應病與藥)해야 한다. 나역시 제자가 이러한 경지에 사무쳐 깨닫게끔 하지만, 이미 사무친 연후에는 가없는 성품 자체에 머물러 있으려고만 하지 말고, 그 경지에서 응하여 모자람 없도록 지어나가야 한다고 지도한다.

묵조나 일행삼매(一行三昧), 어느 쪽도 모든 이에게 정해 놓고 일정하게 주어서는 바른 지도가 될 수 없는 것이다. 내가 앉아서 선화할 때에는 오직 심외무물의 경지만 오롯하게끔 지으라고 지도하는 것은 어떻게 보면 묵조선이다. 그것이 가장 빨리 업을 녹이는 방법이기 때문에 그렇게 지도하는 것이다.

그러나 활동할 때는 가없는 성품 자체로 일상을 지어 가라고 지도했으니 이것은 곧 일행삼매에 이르도록 지도한 것이다. 안팎 없는 경지를 의지하지 않는 것이 삼매이니, 일상생활 속에서 여의지 않는 가운데 보고 듣고, 보고 듣되 여의지 않는 그것이 일행삼매이다.

그렇다면 나는 한 사람에게 묵조선과 일행삼매를 다 가르치고 있는 것이 되다. 묵조선이라고 했지만 앉아서는 생사해탈을 위한 멸진정을 익히도록 하고, 그 외에는 다 일행삼매를 짓도록 지도하고 있는 것이어서 한편으로 멸진정을 익히는 가운데 조사선을 짓고 있는 것이다.

 어떠한 약도 쓰이는 곳에 따라 좋은 약이 되기도 하고 사약이 되기도 한다. 스승이 진정 자유자재해서 제자가 머물러 있는 부분을 틔워주는 지도를 할 때 그것이 약이 되는 것이다.
 그러므로 '나는 간화선만을 가르친다.' 그렇게 지도해서는 안 된다. 부처님께서도 수기설법하라 하셨다. 병을 치료해 주는 것이 약이듯 그 기틀에 맞게끔 설해 주는 것이 참 법이다.
 무유정법(無有定法)이라 하지 않았는가. 그 사람의 바탕과 익힌 업력과 현재의 경지 등 모든 것을 참작해서 거기에 알맞게 베풀어 주어야 한다.
 부처님의 경을 마가 설하면 마설이 되고, 마경을 부처님께서 설하시면 진리의 경전이 된다는 것도 바로 이런 데에서 하신 말씀이다.

 어느 한 종에만 편승하면 안 된다. 우리는 이 속에 오종칠가(五宗七家)의 법을 다 수용해야 된다. 어느 한 법도 버릴 수 없다. 모든 근기에 알맞도록 설해 주고 이끌어 줄 수 있어야 하기 때문이다.
 그래서 다만 응하여 모자람이 없이 병에 의하여 약을 줄 뿐, 정해진 법이 없어서 어느 한 법도 따로 취함이 없어야 하는 것이다.

 육조 대사께 행창이 찾아와 부처님 열반경 중에서 유상(有常)과 무상(無常)을 가지고 물었을 때 행창이 무상이라 하면 육조 대사는 유상이라 하고, 행창이 유상이라 하면 육조 대사는 무상이라 했다. 왜냐하면 원래부터 무상이니 유상이니가 있을 수 없어서, 부처님께서는 다만 유상이라는 집착을 벗어나게 하기 위해 무상을 말씀하시고, 무상이라는 집착을 벗어나게 하기 위해 유상을 말씀하셨을 뿐이거늘, 행창은 열반경의 이 말씀에 묶여 있었기 때문이다.

육조 대사가 이러한 이치에 대해서 설하자 행창이 곧 깨닫고 오도송을 지어 바쳤다.

이렇게 수기설법할 때 불법이다. 수기설법하지 못하면 임제종보다 더한 것이라 해도 불법일 수 없다.

각각 사람의 근기가 다른데 어떻게 천편일률적인 방법으로 똑같이 교화할 수 있겠는가.

불교 종단은 깨달은 분에 의해 운영되어야 한다

불교 정상의 지도자는 깨달아 일체종지를 이룬 분으로서, 어떤 이보다도 그 통달한 지혜와 덕과 복을 갖춤이 뛰어나고, 멀리 앞을 내다보는 안목을 지니고 있어야 한다. 그리고 불교 종단은 그분의 말이 법이 되어야 하고, 그분의 지시에 의해 운영되어야 한다.

당연하게 여겨져야 할 이 일이 새삼스러운 일로 여겨지는 것이야말로 크게 개탄해야 될 오늘날 불교계의 현실이다. 왜냐하면 이 일이 새삼스러워진 것만큼 부처님 당시의 법에서 그만큼 멀어졌다는 것을 의미하기 때문이다.

석가모니 부처님 생전에는 부처님 말씀 그대로가 법이었다. 그리고 부처님은 깨달음을 제1의 법으로 두셨다. 그렇기 때문에 부처님의 모든 법문을 가장 많이 알고 있는 다문제일 아난존자가 깨닫지 못했다는 이유로 부처님 열반 후, 제1차 경전 결집에 참여할 수 없었던 것이다.

이변인 법에 있어서 뿐만 아니라 사변인 승단의 행정에 있어서도 마찬가지였다. 계율을 정하고, 대중을 통솔하고, 승단을 운영하는 일까지 부처님께서 직접 지시하셨다.

모든 제자들은 부처님의 말씀을 따라 그 지시대로 한 마음, 한 뜻으로 부처님의 손발이 되었을 뿐이다. 부처님의 지시야말로 과거, 현재,

미래를 내다보는 안목의 가장 이상적인 행정이었기 때문이다.

우리나라 역시 근대에만 해도 깨달아 법력을 지닌 분이 종정을 지내셨을 때에는 그분의 말씀이 법이었고, 인가 받은 분들이 종회에 계실 때에는 그분들의 말씀을 받들어 종단의 행정이 운영되었다.

하동산 선사나 금오 선사, 효봉 선사 같은 분들이 종정이셨던 1950~60년대까지도 그러하였으니, 종정이 종단 전체의 주요 안건을 결정하는 결정권을 가지고 있었다.

종회 역시 혜암 스님, 금오 스님, 춘성 스님, 청담 스님 등 만공 선사 회상에서 인가 받은 분들이 종회에 계실 때에는 그분들의 뜻에 의거하여 종회 의원들이 승단의 일을 처리하였다.

그러므로 현재에 있어서도 만약 종회에 의해 종단이 운영되어야 한다면, 종회는 깨달아 보림한 분으로 구성되어야 한다. 그러한 종회라면 금상첨화여서 가장 훌륭한 불교 종단 운영이 될 것이다. 그러나 그것이 어려워서 깨달아 보림해서 일체종지를 통달한 분이 종정 한 분이라면, 그 한 분에 의해 모든 통솔이 이루어져야 한다. 만약 깨닫지 못한 분으로 이루어진 종회나 총무원에 의해 종단이 운영된다면, 십중팔구 그것은 진리가 아닌 세속적인 판단으로 흘러가기 때문이다.

이것은 불교 종단뿐만 아니라 한 절에 있어서도 마찬가지이다. 법이 가장 뛰어난 분으로 그 절의 운영이 이루어져야 바른 운영이 이루어진다. 그래서 선을 꽃피웠던 중국에서도 56조 석옥 청공 선사에 이르기까지 대대로 공부가 가장 많이 된 분인 조실이 주지를 겸하여 절 일을 보셨다.

조실과 주지가 다른 분이 아니었으니, 이판과 사판이 나뉘어지지 않앉다.

 이판을 운용하는 것이 사판이기 때문에, 이판과 사판은 본래 나뉠 수 없는 것이다. 이판에 있어서 깨달은 분이어야 하는 것처럼, 사변을 운용하고 다스리는 사판에 있어서도 다를 수 없다고 본다.

 일체유심조, 마음이 세계를 빚어내듯 모든 이치를 운용하는 지혜가 있어야 사변에 있어서도 자유자재의 운영이 가능하기 때문이다.

 일체 모든 진리를 설한 경전과 일체 모든 실천규범을 정한 율로 이사일치의 수행을 현실화했던 석가모니 부처님, 무위도식하거나 말로만 떠드는 수행을 경계하여 '일일부작이면 일일불식하라'는 승가의 규율을 통해 일상 그대로인 선을 꽃피우고자 했던 백장 선사, 생생히 살아 숨쉬는 불법의 역사 어디에도 이판과 사판이 나뉘었던 적은 없었다.

 불법은 이름 그대로 부처님의 법이다.
 부처님 당시의 법이 오늘에 되살려져, 항상한 이치가 응하여 모자람 없는 다양한 방편으로 변주되어, 만인의 삶이 불법의 가피와 축복 속에 꽃피고 열매 맺을 수 있도록, 불교 종단의 운영은 반드시 깨달아 일체종지를 통달한 분에 의해 이루어져야 한다고 본다.

조계종을 육조정맥종이라고 이름한 이유

　불법이 석가모니 부처님으로부터 28대 달마 대사에 이르러 동토에 전해지고 다시 33조인 육조 대사에 의해 가장 활발하고 왕성한 황금시대를 이루었다. 그래서 우리나라의 정통 불교 종단에 조계종이라는 이름이 붙여진 것이다. 육조 대사께서 생전에 조계산에 주하셨고, 대부분의 선사들의 호로 계신 곳의 지명이나 산 이름으로 쓰였기 때문이다.
　그러므로 조계종의 조계란 육조 대사를 의미하고, 조계종이란 결국 육조 대사의 법을 의미하며 조계종단은 육조 대사의 법을 받아 이어가는 종단이다.

　그러나 조계는 육조 대사께서 정식으로 스승에게 받은 호가 아니다. 호는 당호라고도 하는데, 대부분 스승이 제자를 인가하며 주는 것이다. 종사와 법을 거량하여 종사로부터 인가를 받고 입실건당의 전법식을 할 때에 당호와 가사, 장삼, 전법게 등을 받는다. 이때, 위에서 말하였듯 주로 그가 살고 있는 절 이름, 또는 지명, 그가 거처하던 집 등의 이름을 취하여 호로 삼는 경우가 많다. 그런데 육조 대사께서 조계산에 주하시기는 하였으나 스승인 오조 홍인 대사는 육조 대사에게 조계라는 호를 내린 적이 없다. 또 육조 대사 역시 생전에 조계라는 호를 쓴 적이 없다.

대부분의 사전에 육조 대사를 조계 대사라고도 한다고 되어 있는데, 이것은 후대인들이 지어 부른 것이다. 만약 '조계'를 육조 대사를 지칭하는 공식적인 명칭으로 쓴다면 이것은 후대인들이 선대의 대선사의 호를 지어 부르는 격이 되니 참으로 예에 맞지 않다고 할 것이다.

이러한 이유에서 조계종이라는 이름이 불교종단의 정식이름으로 적합하지 않다고 보았고, 또한 육조 대사의 법을 이어받아 바르게 펴는 곳이라는 의미를 담기에 가장 적당하여 육조정맥종이라 이름하였을 뿐, 수덕사 문중 전강 선사님의 인가를 받아 석가모니 부처님으로부터 근대의 대선지식인 경허, 만공, 전강 선사로 이어진 법맥을 이은 이로서 따로이 새로운 종단을 설립한 것이 아니다. 그렇기에 출가함에 있어서 불필요한 논쟁의 소지를 없애기 위해 육조정맥종이라고 이름한 이유와 스스로 한 번도 결제, 해제, 연두법어를 내리지 않았던 까닭이 따로 새로운 종단을 설립한 것이 아니었기 때문이라는 것을 밝히는 바이다.

희비송(喜悲頌)

이름도 없고 상도 없는 일 없는 사람이
태평의 노래를 흥에 취해 불렀더니
때도 없고 끝도 없는 구제의 일이
대천세계에 충만히 펼쳐졌네

無名無相無事人
太平之歌唱興醉
無時無端救濟事
大千世界布充滿

정신송(正信頌)

이름도 없고 상도 없는 이 바탕인 몸이여
이 바탕을 깨달은 믿음이라야 이 바른 믿음이라
이와 같은 믿음이 없이는 마음이 나라 말라
눈 광명이 땅에 떨어질 때 한이 만단이나 되리라

無名無相是地體
悟地之信是正信
若無是信莫心我
眼光落地恨萬端

진심송(眞心頌)

이름도 없고 상도 없는 이 진공이여
공이라는 공은 공이라 함마저도 없는 이 참 바탕이라
이와 같은 바탕이라야 이 공인 몸이니
이와 같은 몸이 아니면 참다운 마음이 아니니라

無名無相是眞空
空空無空是眞地
如是之地是空體
如是非體非眞心

업신송(業身頌)

업의 몸이란 것은 고통의 근본이요
업의 마음이란 것은 환란의 근본이니라
업의 행이란 것은 다툼의 근본이요
업의 일이란 것은 허망의 근본이니라

業身乃苦痛之本
業心乃患亂之本
業行乃鬪爭之本
業事乃虛妄之本

보림송(保任頌) 1

업의 몸을 다스리는 데는 계행이 최상이요
업의 마음을 다스리는 데는 인내가 최상이니라
계행과 인내로 잘 다스리면 보림이 순조롭고
보림이 잘 이루어지면 구경에 이르느니라

治業身之戒最上
治業心之忍最上
善治戒忍順保任
善成保任至究竟

보림송(保任頌) 2

육신의 욕망은 하나까지라도 모두 버려야 하고
육신을 향한 생각은 남음이 없이 버려야 하느니라
이와 같이 보림하면 업이 중한 사람일지라도
당생에 반드시 구경지를 성취하리라

肉身欲望捨都一
肉身向思捨無餘
如是保任重業人
當生必成究竟地

공성본질송(空性本質頌) 1

무극인 빈 성품의 본래 몸은
언어나 마음과 행위로 표현 못 하나
모든 부처님과 만물이 이로 좇아 생겼으며
궁극에 일체가 돌아가 의지할 곳이니라

無極空性之本體
言語道斷滅心行
諸佛萬物從此生
窮極一切歸依處

공성본질송(空性本質頌) 2

혼연한 빈 바탕을 이름해서 무아라 하고
무아의 다른 이름이 이 무극이니라
유정 무정이 이로 좇아 생겼으며
궁극에 일체가 돌아가 의지할 곳이니라

渾然空地名無我
無我異名是無極
有情無情從此生
窮極一切歸依處

공성본질송(空性本質頌) 3

이러-히 밝게 사무친 것을 이름해서 견성이라 하고
이 바탕에 밝게 사무쳐야 바르게 깨달은 사람이니
도를 닦는 사람은 반드시 명심해서
각자 관조하여 그릇 깨달음이 없어야 하느니라

如是明徹名見性
是地明徹正悟人
修道之人必銘心
各者觀照無非悟

명정오송(明正悟頌)

밝지도 어둡지도 않은 곳을 향해서
그윽한 본래의 바탕에 합하여야
이것을 진실한 깨달음이라 하는 것이니
그렇지 않다면 바른 깨달음이 아니니라

向不明暗處
冥合本來地
此是眞實悟
不然非正悟

무아송(無我頌)

중생들이 말하는 무아라는 것은
변하고 달라지는 나를 말하는 것이요
깨달은 사람의 무아는
변하지 않는 나를 말하는 것이다

衆生之無我
變異之言我
悟人之無我
不變之言我

태시송(太始頌)

탐착한 묘한 광명에 합한 것이 상을 이루었고
상에 집착하여 사는데서 익힌 것이 모든 업을 이루었다
업을 인해서 만반상이 생겨 나왔으며
만상으로 해서 만반법이 생겨 나왔다

貪着妙光合成相
執相生習成諸業
因業生出萬般象
萬象生出萬般法

21세기에 인류가 해야 할 일

　이 사람은 1962년 26세 때부터 21세기에 인류에게 닥칠 공해문제, 에너지문제를 예견하고 대체에너지(무한원동기, 태양력, 파력, 풍력 등) 개발과 '울 안의 농법'을 연구하고 그 필요성을 많은 이들에게 이야기해 왔습니다.

　당시에는 너무 시대를 앞서가는 이야기여서인지 일반인들이 수용하지 못하고 오히려 불신의 눈으로 바라보며 이 사람의 법마저 의심하였습니다. 하지만 현대에 있어서는 이것이 인류가 해결해야 할 가장 절박한 사안이 되어 있습니다.

　'사막화방지 국제연대'를 설립한 것도 현새 인류가 해결해야 할 가장 절박한 지구환경문제를 이슈화시키고 그 해결책을 제시하여 재앙에 직면한 지구촌을 살리기 위해서입니다.

　'사막화방지 국제연대'에서 추진하고 있는 사막화 방지, 지구 초원

화, 대체에너지 개발은 온 인류가 발 벗고 나서서 해야 할 일입니다.

첫 번째 사막화 방지에 있어서 기존에 해왔던 '나무심기 사업'은 천문학적인 예산과 많은 인력을 동원하고도 극도로 황폐한 사막화된 환경을 되살리는 데 실패하였습니다.

그래서 이 사람은 사막화 방지에 있어서는 '사막 해수로 사업'을 새로운 방안으로 제시하였습니다.

사막 해수로 사업은 사막화된 지역에 수도관을 매설하여 바닷물을 끌어들여서 염분에 강한 식물을 중심으로 자연생태계를 복원하는 사업입니다.

이것은 나무심기 사업으로 심은 나무들이 절대적으로 물이 부족하여 생존할 수 없었던 문제를 해결할 수 있는, 현재로서는 유일한 해결책입니다.

그러나 '사막화방지 국제연대'의 목적은 사막이 확장되는 것을 방지하자는 것이지 사막 전체를 완전히 없애자는 것은 아닙니다. 인체에서 심장이 모든 피를 전신의 구석구석까지 골고루 보내어 살아서 활동하게 하듯이 사막은 오히려 지구의 심장 역할을 하는 중요한 곳이기 때문입니다.

그래서 21세기에 있어서는 다만 사막의 확장을 방지할 뿐 아니라 사막을 어떻게 운용하느냐를 연구해야 합니다.

사막에 바둑판처럼 사방이 막힌 플륨관 수로를 설치하여 동, 서, 남, 북 어느 방향의 수로를 얼마만큼 채우느냐 비우느냐에 따라, 사막으로부터 사방 어느 방향으로든 거리까지 조절하여, 원하는 지역에 비를 내리게 하고 그치게 할 수 있습니다. 철저히 과학적인 데이터에 의해 이렇게 사막을 운용함으로써 21세기의 지구를 풍요로운 낙원시대로 만들어가야 합니다.

두 번째로 지구를 초원화할 수 있는 방안으로 3년간의 실험을 통해, 광활한 황무지 지역을 큰 비용을 들이거나 많은 인력을 동원하지 않고도 짧은 시간 내에 초지로 바꿀 수 있는 식물을 찾아냈습니다.

그것은 바로 '돌나물'입니다. 돌나물은 따로 종자를 심을 필요가 없이 헬리콥터나 비행기로 살포해도 생존, 번식할 수 있으며, 추위와 더위, 황폐한 땅에서도 살아남을 수 있는 생명력과 번식력이 강한 식물입니다.

지구환경을 되살리는 초지조성 사업에 있어서 이것이 큰 도움이 되리라 생각합니다.

세 번째의 대체에너지 개발에 있어서는 태양력, 파력, 풍력 등 1962년도부터 이 사람이 연구하고 얘기해왔던 방법들이 이미 많이 개발되어 실용화한 단계에 있습니다.

이 세 가지 일은 한 개인이나 한 국가가 할 수 있는 일이 아닙니다. 모든 국가가 앞장서서 전세계적인 사업으로 이루어져야 합니다. 모든 국가가 함께 하는 기금조성이 이루어져야 하고 기금조성에 참여한 국가는 이 시스템에 의한 전면적인 혜택을 입을 수 있도록 해야 합니다.

인류 모두가 지혜를 모아 이 일에 전력을 다한다면 인류는 유사 이래 가장 좋은 시절을 맞이하게 될 것이며, 만약 이 일을 남의 일인 양 외면한다면 극한의 재앙을 면할 수 없을 것입니다.

이 사람이 오래 전부터 얘기해왔던 '울 안의 농법'은 이미 미국 라스베이거스(Las Vegas)에서 30층짜리 '고층 빌딩 농장'으로 구현되었습니다. 그렇게 크게도 운영될 수 있지만 각자 자신의 집에서 이루어지는 '울 안의 농법'도 필요합니다.

21세기에 있어서 또 하나 인류가 만일의 사태를 대비해서 연구, 추진해야 될 일이 있다면 바닷속에서의 수중생활, 수중경작입니다.

지구 온난화가 심화될 경우, 공기가 너무 많이 오염될 경우, 바닷물이 높아져 살 땅이 좁아질 경우 등에 대비할 때, 인류는 우주에서의 삶보다는 바닷속에서의 삶을 준비해야 합니다. 왜냐하면 그것이 훨씬 수월하고 비용도 절감할 수 있기 때문입니다.

이렇게 깨달은 이는 이변적으로는 깨달음을 얻게 하여 영생불멸의 삶을 영위할 수 있도록 만인을 이끌어야 하며 사변적으로는 일반인이 예측할 수 없는 백 년, 천 년 앞을 내다보아 이를 미리 앞서 대비하도록 만인의 삶을 이끌어줘야 한다고 생각합니다.

불법의 뜻은 다만 진리 전수에만 있는 것이 아니니, 만인이 서로 함께 영원한 극락을 누릴 때까지 물심양면으로, 이사일여로 베풀어 교화해야 하기 때문입니다.

가슴으로 부르는 불심의 노래

여기에 실린 가사는 모두 농선 대원 선사님께서 직접 작사하신 것이다. 수행의 길로 들어서게끔 신심, 발심을 북돋아주는 가사로부터 수행의 길로 접어든 이의 구도의 몸부림이 담겨있는 가사, 대승의 원력을 발해서 교화하는 보살의 자비심과 함께 낙원세계를 누리는 풍류를 그려놓은 가사까지 한마디, 한마디가 생생하여 그 뜻이 뼛속 깊이 새겨지고 그 멋에 흠뻑 취하게 된다. 농선 대원 선사님께서는 거칠고 말초적인 요즘의 노래를 듣고 이러한 정서를 순화시키고자, 또한 수행의 마음을 진작시키고자 하는 뜻에서 이 가사들을 쓰셨다.

 그래야지

1.
마음으로 물질로써
갖가지로 베푸는 것
생활화한 국민되어
이뤄내는 국가되세
그래야지 그래야지
얼씨구나 좀 더 좋다

그런 이웃 그런 나라
이뤄내서 사노라면
모든 나라 따르리니
그리되면 지상낙원
그래야지 그래야지
얼씨구나 좀 더 좋다

별중의 별 될 것이니
선조의 뜻 이룸이라
후손으로 할 일 해낸
자부심이 치솟누나
그래야지 그래야지
얼씨구나 좀 더 좋다

얼씨구야 절씨구야
좀 더 좋고 좀 더 좋다
얼씨구야 절씨구야
좀 더 좋고 좀 더 좋다

아리랑 아리랑 아라리요
아리랑 고개를 넘어간다

2.
그래야지 그래야지
혼자 삶이 아닌 세상
웬만하면 넘어가는
아량으로 살아가세
그래야지 그래야지
얼씨구나 좀 더 좋다

부딪히면 틀어져서
소통의 길 막히나니
그러므로 눈 감아줘
참는 것이 상책일세
그래야지 그래야지
얼씨구나 좀 더 좋다

걸린 생각 비워내서
한결같이 사노라면
복이되어 돌아옴을
실감할 날 있을 걸세
그래야지 그래야지
좀 더 좋고 좀 더 좋다

얼씨구야 절씨구야
좀 더 좋고 좀 더 좋다
얼씨구야 절씨구야
좀 더 좋고 좀 더 좋다

아리랑 아리랑 아라리요
아리랑 고개를 넘어간다

 마음

1.
시작도 없는 마음
끝남도 없는 마음

온통으로 드러나
언제나 같이 있어

어떤 것도 가릴 수
전혀 없는 그 마음

고고하고 당당한
영원한 마음일세

아리랑 아리랑 아라리요
아리랑 고개를 넘어간다
청천 하늘에 잔별도 많고
요내 가슴에는 희망도 많다

2.
모두를 마음으로
시도를 뭐든 해봐

안되는 일 없어서
사는 데 불편없고

하고프면 하면 돼
뜻 펼치는 삶이니

즐겁고도 즐거운
누리는 삶이로세

아리랑 아리랑 아라리요
아리랑 고개를 넘어간다
청천 하늘에 잔별도 많고
요내 가슴에는 희망도 많다

사는게 아리랑 고개

1.
이 마음이 내가 되니
나고 죽음 본래 없고
이리 보고 저리 봐도
허공까지 내 몸일세
신기하고 신기하다
신기하고 신기해

이 마음이 내가 되니
안 되는 일 전혀 없어
잡된 생각 사라지고
두려움도 없어졌네
신기하고 신기하다
신기하고 신기해

이 마음이 내가 되니
끝이 없이 자유롭고
잠 못 이룬 괴로움과
공황장애 흔적 없네
신기하고 신기하다
신기하고 신기해

아리랑 아리랑
아라리요
아리랑 고개를 넘어왔다

2.
이 마음이 내가 되니
맘 먹은 일 순조롭고
살아가는 나날들이
마음광명 누림일세
신기하고 신기하다
신기하고 신기해

이 마음이 내가 되니
마음광명 누림이라
나날들이 평화롭고
자신감이 넘쳐나네
신기하고 신기하다
신기하고 신기해

이 마음이 내가 되니
대인관계 순조로와
일일마다 즐거웁고
웃음꽃이 피어나네
신기하고 신기하다
신기하고 신기해

아리랑 아리랑
아라리요
아리랑 고개를 넘어왔다

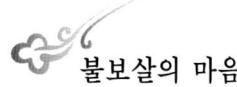 **불보살의 마음**

1.
자비, 그 자비는 눈물이었네
불나방이 불을 쫓듯 가는 이
그래도 못 잊어서 버리지 못해
저리는 저리는 가슴, 그 가슴 안고서
눈물, 피눈물로 저리 부르네

2.
자비, 그 자비는 눈물이었네
제 살 길을 저버리는 이들을
그래도 못 잊어서 버리지 못해
저리는 저리는 가슴, 그 가슴 안고서
눈물, 피눈물로 저리 부르네

 **나의 노래**

1.
노세 노세 봄놀이하세
대천세계 이 봄 경치
한산 습득 친구 삼아
호연지기 즐겨볼까
얼씨구나 절씨구
아니나 즐기고 무엇하리

2.
노세 노세 봄놀이하세
걸음 쫓아 이른 곳곳
문수 보현 벗을 삼아
화엄광장 춤춰볼까
얼씨구나 절씨구
아니나 즐기고 무엇하리

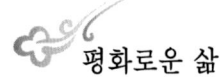# 평화로운 삶

1.
이 몸을 나로 아는
하나의 실수로서
우주가 생긴 이래

얼마나 많은 고통
겪어들 왔었던가
치떨린 일이로세

뭘 해야 그 반복을
금생에 끊어버려
그 고통 벗어날까

생각코 생각하니
그 해결 내게 있네
마음이 나 된걸세

아리랑 아리랑 아라리요
아리랑 고개를 넘어간다
청천 하늘엔 잔별도 많고
이내 가슴엔 희망도 많다

2.
마음이 내가 되면
그 어떤 것이라도
더 이상 필요찮고

마음이 내가 되면
미묘한 갖은 공덕
스스로 갖춰 있고

마음이 내가 되면
그 모든 근심 걱정
씻은 듯 사라지고

마음이 내가 되면
이 생과 저 세상이
당초에 없는 걸세

아리랑 아리랑 아라리요
아리랑 고개를 넘어간다
청천 하늘엔 잔별도 많고
이내 가슴엔 희망도 많다

3.
마음이 내가 되면
어제와 내일 일을
눈 앞 일 알 듯하고

마음이 내가 되면
신분이 관계 없이
서로가 평등하며

마음이 내가 되면
모든 일 뜻을 따라
원만히 이뤄지고

마음이 내가 되면
걸림이 없는 그 삶
저절로 이뤄지네

아리랑 아리랑 아라리요
아리랑 고개를 넘어간다
청천 하늘엔 잔별도 많고
이내 가슴엔 희망도 많다

 그리운 님

환갑 진갑 다 지난 삶 살다보니
석양 노을 바라보다 텅 빈 가슴
외로움에 철이 드나 생각나는
님이시여 이 몸마저 자유롭지
못한 괴롬 닥쳐서야 님의 말씀
들려오는 철없던 삶 후회하며
외쳐 찾는 님이시여 지는 해를
붙들고서 맘이 나된 삶으로써
나고 죽는 모든 고통 없는 삶을
누리라는 그 말씀이 빛이 되어
외쳐지는 님이시여 이제라도
실천 실행 하오리다 이끌어만
주옵소서 님이시여 내 님이여

잘 사는 게 불법일세

1.
잘 사는 게 불법일세
우리 모두 관음보살 지장보살 생활 속에 모시면서
마음 비운 나날들로 바른 삶을 하노라면
불보살님 가피 속에 뜻 이뤄서 꽃을 피운
그런 날이 있을 걸세

2.
잘 사는 게 불법일세
우리 모두 관음보살 지장보살 생활 속에 모시면서
마음 비워 살아가며 시시때때 잊지 않고
참나 찾아 참구하는 그 정성도 함께하면
좋은 소식 있을 걸세

3.
잘 사는 게 불법일세
우리 모두 관음보살 지장보살 생활 속에 모시면서
틈틈으로 회광반조 사색으로 참나 깨쳐
화장세계 장엄하고 얼쉬얼쉬 어울리며
영원토록 웃고 사세

 님은 아시리

1부

1.
사계절의 풍광인들 위로되겠니
서사시의 음률인들 쉬어지겠니
뜻과 같이 되지 않아 기도에 젖은
이 마음 님은 아시리
한 세상 열정 쏟아 닦는 수행길
불보살님 출현하셔 베푼 자비에
모든 망상 모든 번뇌 없었으면 좋으련만
마음대로 안 되는 게 수행이더라, 수행이더라

2.
사계절의 풍광인들 위로되겠니
서사시의 음률인들 쉬어지겠니
뜻과 같이 되지 않아 기도에 젖은
이 마음 님은 아시리
청춘의 모든 욕망 사뤄버리고
회광반조 촌각 아낀 열정 쏟아서
이룬 선정 그 효력이 있었으면 좋으련만
마음대로 안 되는 게 보림이더라, 보림이더라

3.
사계절의 풍광인들 위로되겠니
서사시의 음률인들 쉬어지겠니
뜻과 같이 되지 않아 기도에 젖은
이 마음 님은 아시리
억겁의 모든 습성 꺾어보려고
갖은 노력 갖은 인내 온통 쏟아서
세월 잊은 보림 성취 있었으면 좋으련만
마음대로 안 되는 게 성불이더라, 성불이더라

2부

1.
사계절의 풍광인들 비유되겠니
가릉빈가 음률인들 비교되겠니
뜻과 같이 자유자재 베풀어놓고
한없이 즐기시련만
그러한 대자유의 삶을 접고서
중생들을 구제하려 삼도에 출현
갖은 역경 어려움을 감내하는 자비로써
깨워주는 그 진리에 눈을 뜨거라, 눈을 뜨거라

2.
사계절의 풍광인들 비유되겠니
가릉빈가 음률인들 비교되겠니
뜻과 같이 자유자재 베풀어놓고
한없이 즐기시련만
억겁을 다하여도 끝이 없을 걸
알면서도 해내겠다 나선 님의 길
가시밭길 험난해도 일관하신 그 자비에
구류중생 깨달아서 정토 이루리, 정토 이루리

3.
사계절의 풍광인들 비유되겠니
가릉빈가 음률인들 비교되겠니
뜻과 같이 자유자재 베풀어놓고
한없이 즐기시련만
낙원의 모든 즐김 떨쳐버리고
삼악도를 낙원으로 이뤄놓겠다
촌각 아낀 그 열정에 모두 모두 감화되어
이 땅 위에 님의 소원 이뤄지리라, 이뤄지리라

 ## 선 승

토함산 소나무 위에
달빛도 조는데
단잠을 잊은 채
장승처럼 앉아있는
깊은 밤 선승의
그윽한 눈빛
고요마저 서지
못한 선정이라
대천도 흔적 없고
허공계도 머물 수 없는
수정 같은 광명이여,
화엄의 세계로세

 ## 우리 모두

우리 모두 만난 인생 즐겁게 살자
부딪치는 세상만사 웃으며 하자
인연으로 어우러진 세상사이니
풀어가는 삶이어야 하지 않겠니

몸종 노릇 하는 사이 맘 챙겨 살자
맑고 맑은 가을 허공 그렇게 비워
명상으로 정신세계 사무쳐보자
언젠가는 깨쳐 웃는 그날이 오리

한산 습득 껄껄 웃는 그러한 웃음
웃어가며 모든 일을 대하는 날로
활짝 펼쳐 어우러진 그러한 삶을
우리 모두 발원하며 즐겁게 살자

 마음이 나로세

본래 마음이 나이건만
몸이 내가 된 삶이 되어
갖은 고통이 따랐다네
이리 쉽고도 쉬운 일을
어찌 등 돌린 삶으로서
고통 속에서 헤매는고

맘이 내가 된 삶으로서
갖은 고통이 없는 삶을
우리 누리고 살아보세
마음 수행을 모두 하여
나고 죽음이 없음으로
태평 세월을 누려보세

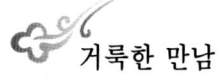 거룩한 만남

불법을 만난 건 행운 중 행운이고 내 생의 정점일세
거룩한 이 법을 만나는 사람이면 서로가 권하고 권을 하여
함께 하는 일상의 수행이 되어서 다 같이 누리는 낙원 이뤄
고통과 생사는 오간 데 없고 웃음과 평온만 넘치고 넘쳐
길이길이 끝이 없는 복락 누리세

여래의 큰 은혜 순간인들 잊으랴 수행해 크게 깨쳐
구제를 다함만 큰 은혜 갚음이니 노력과 실천 다해
우리 모두 씩씩한 낙원의 역군이 되어 봉화적인 이생의 삶으로써
최선을 다하여 부끄럼 없는 대장부로, 은혜 갚는 장부로
길이길이 끝이 없는 복락 누리세

바른 삶 1

우리 삶을 두고서 허무하다 누가 말했나
본래 마음이 나 아닌가
그 마음 나를 삼아 살면 되지
지금도 늦지 않네 우리 모두
오늘부터 모두들 마음으로 나를 삼아
길이길이 웃고들 사세

바른 삶 2

1.
어디어디 어디라 해도
마음 찾아 바로만 살면
그곳 바로 극락이라네
세상분들 귀담아듣고
사람 몸을 가졌을 때에
모든 고비 극복해내서
참선으로 참나를 깨쳐
걸림 없는 해탈의 세상
누려보세 누려들 보세

2.
어두운 곳 태양이 뜨듯
중생계에 불타 출현해
바른 삶으로 인도하셔
복된 날을 기약케 하니
아니아니 좋고 좋은가
이 몸 주인 통쾌히 깨쳐
억겁 업을 말끔히 씻고
걸림 없는 해탈의 세상
누려보세 누려들 보세

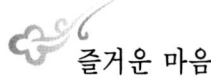 ## 즐거운 마음

1.
우리 모두 선택받은 제자 되어
즐거운 맘 하나 되어 축하합니다
그 무엇을 이룬들 이리 좋으며
황금보석 선물인들 이만하리까
부처님의 가르침만 따르오리다
실천하리라 실천하리라

2.
부처님의 뒤 이을 걸 맹세하며
다짐으로 즐기는 맘 가득합니다
당당하게 행보하는 구세의 역군
혼신 다해 낙원 이룬 이 세계에서
함께 사는 즐거움을 생각하며
노래합니다 노래합니다

 ## 닮으렵니다

관세음보살 관세음보살
지극한 마음으로 닮으려고
오늘도 노력하며 주어진 일을 하면
하루가 훌쩍 가는 줄도 모른다오
관세음 관세음보살
님께서 베푸는 그 넓은 사랑을
이 맘 속에 기르고 길러서
실천하는 그런 장부 되어서
큰 은혜 갚을 겁니다

정한 일일세

우리네 삶이란 것
풀끝 이슬 아니던가
서로서로 위로하고 아끼면서
우리 모두 착한 삶이
이어져 가노라면
언젠가는 행복한
그날이 우리에게
찾아오는 것 정한 일일세
찾아오는 것 정한 일일세

여기가 낙원

참나 찾아 영원을 향해
한눈 안 팔고 노력하고
가정 위해 사회를 위해
뛰고 뛰고 혼신을 다한
나의 노력 결실이 되어
일상에서 누리는 나날
선 자리가 낙원이 되니
초목들도 어깨 춤추고
산새들도 축하를 하네

 수행과 깨침

1.
그릴 수도 없는 마음, 만질 수도 없는 마음
찾으려는 수행이라 모든 것을 다 버리고
모든 생각 비우기를 몇천 번이었던가
머리 터져 피 흘려도 멈출 수가 없는 공부
이 공부가 아니던가

2.
놓지 못해 우두커니 장승처럼 뭐꼬 하고 앉았는데
앞뒤 없어 몸마저도 공해버린 여기에서 이러-한 채
시간 간 줄 모른 채로 눈을 감고 얼마간을 지나던 중
한 때 홀연 큰 웃음에 화장계일세

 걱정 말라

1.
걱정 말라 걱정을 말라 불보살님 말씀대로만 행한다면
안 풀리는 일 없다 하지 않았던가
육근으로 보시를 하며 웃고 살자 웃고들 살자
백년 미만 우리네 인생, 세상 만사 마음먹기 달렸다고
일러주시지 않았던가 걱정을 말라

2.
이리 봐도 저리를 봐도 모두모두 내 살림일세
간섭할 수 없는 내 살림 아니아니 그러한가
이리 펼치고 저리 펼쳐 육문으로 지은 복덕
베푸는 맛이 아니 좋은가 우리 사는 지구인 별 함께 가꿔
낙원으로 만들어서 살아들 보세

사람다운 삶

1.
사람이 사람다운 사람이 되려면
명상으로 비우고 비워서
고요의 극치에 이르러
자신을 발견한 슬기로써
마음을 다스리는 연마 후에
그 능력으로 모두가 살아가야
평화로운 세상이 활짝 열려
모두 함께 누릴 걸세

2.
서로가 다툼 없이 서로를 아껴서
마음으로 베풀고 베푸는
사회로 이루어 간다면
낙원이 멀리만 있는 것이 아니라
살고 있는 이대로가 낙원이란 걸
모두가 실감하는
우리들의 세상이 활짝 열려
모두 함께 누릴 걸세

사는 목적

우리 모두 행복을 찾아 영원을 찾아
내면 향해 비춰보는 명상으로
앉으나 서나 일을 하나 최선을 다하세
하루의 해가 서산을 붉게 물들이고
합장 기도하여 또 다짐과 맹서의 말
뜻 이루어 이 세상의 빛이 돼서
구류를 생사 고해에서 구제하는 사람으로
영원히 영원히 살 것입니다

 따르렵니다

1.
우리 모두 합장 공경 하옵니다
크고 작은 근심 걱정 씻어주려
우릴 찾아 오셨으니 감사합니다 고맙습니다

2.
우리 모두 손에 손을 맞잡고서
즐거웁게 노래하고 춤을 추며
우리에게 오신 님을 경하합니다 축하합니다

3.
우리들의 깊은 잠을 깨워주셔
영생불멸 낙원의 삶 누리게끔
해주시려 오신 님을 공경합니다 따르렵니다

 옛 고향

고향 옛 고향이 그리워 거니는 산책에
고요한 달빛 휘영청 밝고 밤새는
그 무슨 생각에 저리 부르는 노래인데
숲 타고 온 석종소리에 열리는 옛 내 고향
그리도 캄캄하던 생각들은 흔적도 없고
고요한 마음 옛 고향 털끝만큼도
가리운 것이란 없었는데
어찌해 그 무엇에 어두웠던고 고향길 옛 내 고향
나는 따르리라 끝없는 일이라 하여도
님 하신 구제 고난과 역경
그 어떤 어려움 닥쳐도
님 하시는 일이라면 멈추는 일 없을 것일세
이것만이 보은이라네 보은이라네

 지장보살

지장보살 두 눈의 흐르는 눈물
마르실 날 언제일까 생각하고 또 생각해도
이 세상의 사람들이 멀어지게만 하고 있네요
보살님 어찌해야 하오리까
반야의 실천으로 최선 다해 돕는다면
안 되는 일 있으리까
대원본존 지장보살 나무 지장보살
얼씨구나 절씨구나 한 판 놀음 덩실덩실 살아들 보세

 곰탱이

곰탱이 곰탱이 미련 곰탱이
세상 사람 요구 따라 다 들어준
사람더러 곰탱이라네
요구 따라 따지지 않고
들어주기 바쁜 이를 놀려대며 하는 말
곰탱이 곰탱이 미련 곰탱아
그리 살다간 끝내는 빌어먹을 쪽박마저
없겠구나 미련 곰탱아
그래도 덩실덩실 추는 춤을
보며 깔깔 웃는 사람들아
웃는 자신 모르니 서글퍼 내 하는 말
한 판의 꿈속이라 천금만금 쓸데없네
깔깔 웃는 그 실체를 자신 삼아 사는 삶이 되길
바라고 바라는 곰탱이 춤이로세

도서출판 문젠(Moonzen Press)의 책들

출간 도서

바로보인 전등록 전 5권
바로보인 무문관
바로보인 벽암록
바로보인 천부경·교화경·치화경
바로보인 금강경
세월을 북채로 세상을 북삼아
영원한 현실
바로보인 신심명
바로보인 환단고기 전 5권
바로보인 선문염송 전 30권
앞뜰에 국화꽃 곱고 북산에 첫눈 희다
바로보인 증도가
바로보인 반야심경
선을 묻는 그대에게 1·2
바로보인 선가귀감
바로보인 법융선사 심명
주머니 속의 심경
바로보인 법성게
달다 -전강 대선사 법어집
기우목동가
초발심자경문
방거사어록
실증설

하택신회대사 현종기
불조정맥 - 한·영·중 3개국어판
바른 불자가 됩시다
누구나 궁금한 33가지
108진참회문 - 한·영·중 3개국어판
달마의 일할도 허락지 않는다
마음대로 앉아 죽고 서서 죽고
화두 3개국어판 - 한·영·중
바로보인 간당론
완전한 우리말 불공예식법
바로보인 유마경
실증설 5개국어판 - 한·영·불·서·중
누구나 궁금한 33가지 3개국어판
 - 한·영·중
달마의 일할도 허락지 않는다
3개국어판 - 한·영·중
법성게 3개국어판 - 한·영·중
정법의 원류
바로보인 도가귀감
바로보인 유가귀감
화엄경 81권
바로보인 전등록 전 30권

출간예정 도서

바로보인 능엄경 제6권
바로보인 원각경
바로보인 육조단경
바로보인 대전화상주 심경
바로보인 위앙록
해동전등록 전 10권
말 밖의 말
언어의 향기
농선 대원 선사 선송집

진리와 과학의 만남
바로보인 5대 종교
금강경 야부송과 대원선사 토끼뿔
선재동자 참알 오십삼선지식
경봉선사 혜암선사 법을 들어 설하다
십현담 주해
불교대전
태고보우선사 어록

1. 바로보인 전등록 (전30권을 5권으로)

7불과 역대 조사의 말씀이 1,700공안으로 집대성되어 있는 선종 최고의 고전으로, 깨달음의 정수가 살아 숨쉬도록 새롭게 번역되었다.
464, 464, 472, 448, 432쪽.
각권 18,000원

2. 바로보인 무문관

황룡 무문 혜개 선사가 저술한 공안집으로 전등록, 선문염송, 벽암록 등과 함께 손꼽히는 선문의 명저이다. 본칙 48개와 무문 선사의 평창과 송, 여기에 역저자인 대원선사의 도움말과 시송으로 생명과 같은 선문의 진수를 맛보여 주고 있다.
272쪽. 12,000원

3. 바로보인 벽암록

설두 선사의 설두송고를 원오 극근 선사가 수행자에게 제창한 것이 벽암록이다.
이 책은 본칙과 설두 선사의 송, 대원선사의 도움말과 시송으로 이루어져, 벽암록을 오늘에 맞게 바로 보이고 있다.
456쪽. 15,000원

4. 바로보인 천부경

우리 민족 최고(最古)의 경전 천부경을 깨달음의 책으로 새롭게 바로 보였다. 이 책에는 81권의 화엄경을 81자에 함축한 듯한 천부경과, 교화경, 치화경의 내용이 함께 담겨 있으며, 역저자인 대원선사가 도움말, 토끼뿔, 거북털 등으로 손쉽게 닦아 증득하는 문을 열어 놓고 있다.
432쪽. 15,000원

5. 바로보인 금강경

대원선사의 『바로보인 금강경』은 국내 최초로 독창적인 과목을 내어 부처님과 수보리 존자의 대화 이면의 숨은 뜻을 드러내고, 자문과 시송으로 본문의 핵심을 꿰뚫어 밝혀, 금강경 전체를 손바닥 안의 겨자씨를 보듯 설파하고 있다.
488쪽. 15,000원

6. 세월을 북채로 세상을 북삼아

대원선사의 선시가 담긴 선시화집『세월을 북채로 세상을 북삼아』는 선과 시와 그림이 정상에서 만나 어우러진 한바탕이다.
선의 세계를 누리는 불가사의한 일상의 노래, 법열의 환희로 취한 어깨춤과 같은 선시가 생생하고 눈부시게 내면의 소리로 흐른다.
180쪽. 15,000원

7. 영원한 현실

애매모호한 구석이 없이 밝고 명쾌하여, 너무도 분명함에 오히려 그 깊이를 헤아리기 어려운, 대원선사의 주옥같은 법문을 모아 놓은 법문집이다.
400쪽. 15,000원

8. 바로보인 신심명

신심명은 양끝을 들어 양끝을 쓸어버리는, 40대치법으로 이루어진, 3조 승찬 대사의 게송이다. 이를 대원선사가 바로 번역하는 것은 물론, 주해, 게송, 법문을 더해 통쾌하게 회통하고 자유자재 농한 것이 이『바로보인 신심명』이다.
296쪽. 10,000원

9. 바로보인 환단고기 (전5권)

『바로보인 환단고기』 1권은 민족정신의 정수인 환단고기의 진리를 총정리하여 출간하였다. 2권에는 역사총론과 태초에서 배달국까지 역사가 실려 있으며, 3권은 단군조선, 4권은 북부여에서부터 고려까지의 역사가 실려 있다. 5권에는 역사를 증명하는 부록과 함께 환단고기 원문을 실었다. 344 · 368 · 264 · 352 · 344쪽.
각권 12,000원

10. 바로보인 선문염송 (전30권)

선문염송은 세계최대의 공안집이다. 전 공안을 망라하다시피 했기에 불조의 법 쓰는 바를 손바닥 들여다보듯 하지 않고는 제대로 번역할 수 없다. 대원선사는 전 공안을 바로 참구할 수 있게끔 번역하고 각 칙마다 일러보였다. 352 368 344 352 360 360 400 440 376 392 384 428 410 380 368 434 400 404 406 440 424 460 472 456 504 528 488 488 480 512쪽. 각권 15,000원

11. 앞뜰에 국화꽃 곱고 북산에 첫눈 희다

대원선사의 선문답집으로 전강 · 경봉 · 숭산 · 묵산 선사와의 명쾌한 문답을 실었으며, 중앙일보의 〈한국불교의 큰스님 선문답〉 열 분의 기사와 기자의 질문에 대한 대원선사의 별답을 함께 실었다.
200쪽. 5,000원

12. 바로보인 증도가

선종사에 사라지지 않을 발자취로 남은 영가 선사의 증도가를 대원선사가 번역하고 법문과 송을 더하였다.
자비의 방편인 증도가의 말씀을 하나하나 쳐가는 선사의 일갈이야말로 영가 선사의 본 의중과 일치하여 부합하는 것이라 아니할 수 없다.
376쪽. 10,000원

13. 바로보인 반야심경

이 시대의 야부(冶父)선사, 대원선사가 최초로 반야심경에 과목을 붙여 반야심경 내면에 흐르는 뜻을 밀밀하게 밝혀놓고 거침없는 송으로 들어보였다.
264쪽. 10,000원

14. 선(禪)을 묻는 그대에게 (전10권 중 2권)

대원선사의 선수행에 대한 문답집.
깨달아 사무친 경지에 대한 밀밀한 점검과, 오후보림에 대한 구체적인 수행법 제시와, 최초의 무명과 우주생성의 원리까지 낱낱이 설한 법문이 담겨 있다.
280쪽, 272쪽. 각권 15,000원

15. 바로보인 선가귀감

선가귀감은 깨닫고 닦아가는 비법이 고스란히 전수되어 있는 선가의 거울이라 할 만하다. 더욱이 바로보인 선가귀감은 매 소절마다 대원선사의 시송이 화살을 과녁에 적중시키듯 역대 조사와 서산대사의 의중을 꿰뚫어 보석처럼 빛나고 있다.
352쪽. 15,000원

16. 바로보인 법융선사 심명

심명 99절의 한 소절, 한 소절이 이름 그대로 마음에 새겨두어야 할 자비광명들이다.
이 심명은 언어와 문자이면서 언어와 문자를 초월한 일상을 영위하게 하는 주옥같은 법문이다.
278쪽. 12,000원

17. 주머니 속의 심경

반야심경은 부처님이 설하신 경 중에서도 절제된 경으로 으뜸가는 경이다. 대원선사의 선송(禪頌)도 그 뜻을 따라 간략하나 선의 풍미를 한껏 담고 있다. 하루에 한 소절씩을 읽고 참구한다면 선 수행의 지름길이 될 것이다.
 84쪽. 5,000원

18. 바로보인 법성게

법성게는 한마디로 화엄경의 핵심부를 온통 훤출히 드러내놓은 게송이다. 짧은 글 속에 일체의 법을 이렇게 통렬하게 담아놓은 법문도 드물 것이다.
이렇게 함축된 법성게 법문을 대원선사가 속속들이 밀밀하게 설해놓았다.
176쪽. 10,000원

19. 달다 - 전강 대선사 법어집

이제는 전설이 된 한국 근대선의 거목인 전강 선사님의 최상승법과 예리한 지혜, 선기로 넘쳤던 삶이 생생하게 담겨 있는 전강 대선사 법어집〈달다〉!
전강 대선사님의 인가 제자인 대원선사가 전강 대선사님의 법거량과 법문, 일화를 재조명하여 보였다.
368쪽. 15,000원

20. 기우목동가

그 뜻이 심오하여 번역하기 어려웠던 말계 지은 선사의 기우목동가!
대원선사가 바른 뜻이 드러나도록 번역하고, 간결한 결무과 주옥같은 선송으로 다시 보였다.
 146쪽. 10,000원

21. 초발심자경문

이 초발심자경문은 한문을 새기는 힘인 문리를 터득하게 하기 위하여 일부러 의역하지 않고 직역하였다. 대원선사의 살아있는 수행지침도 실려 있다.
266쪽. 10,000원

22. 방거사어록

방거사어록은 선의 일상, 선의 누림을 보여주는 대표적인 선문이다. 역저자인 대원선사는 방거사어록의 문답을 '본연의 바탕에서 꽃피우는 일상의 함'이라 말하고 있다. 법의 흔적마저 없는 문답의 경지를 온전하게 드러내 놓은 번역과, 방거사와 호흡을 함께 하는 듯한 '토끼뿔'이 실려 있다.
306쪽. 15,000원

23. 실증설

이 책은 대원선사가 2010년 2월 14일 구정을 맞이하여 불자들에게 불법의 참뜻을 보이기 위해 홀연히 펜을 들어 일시에 써내려간 법문을 모태로 하였다. 실증한 이가 아니고는 설파할 수 없는 성품의 이치를 자문자답과 사제간의 문답을 통해 1, 2, 3부로 나눠 실증하여 보이고 있다.
224쪽. 10,000원

24. 하택신회대사 현종기

육조대사의 법이 중국천하에 우뚝하도록 한 장본인, 하택신회대사의 현종기. 세간에 지해종도(知解宗徒)로 알려져 있는 편견을 불식시키는 뛰어난 깨달음의 경지가 여기에 담겨있다. 대원선사가 하택신회대사의 실경지를 드러내고 바로보임으로써 빛냈다.
232쪽. 10,000원

25. 불조정맥 - 韓·英·中 3개국어판

석가모니불로부터 현 78대에 이르기까지 불조정맥진영(佛祖正脈眞影)과 정맥전법게(正脈傳法偈)를 온전하게 갖춘 최초의 불조정맥서. 대원선사가 다년간 수집, 정리하여 기도와 관조 끝에 완성한 『불조정맥』을 3개국어로 완역하였다.
216쪽. 20,000원

26. 바른 불자가 됩시다

참된 발심을 하여 바른 신앙, 바른 수행을 하고자 해도, 그 기준을 알지 못해 방황하는 불자님들을 위해 불법의 바른 길잡이 역할을 하도록 대원선사가 집필하여 출간하였다.
162쪽. 10,000원

27. 누구나 궁금한 33가지

21세기의 인류를 위해 모든 이들이 가장 어렵고 궁금해 하는 문제, 삶과 죽음, 종교와 진리에 대한 바른 지표를 제시하고자 대원선사가 집필하여 출간하였다.
180쪽. 10,000원

28. 108진참회문 - 韓·英·中 3개국어판

전생의 모든 악연들이 사라져 장애가 없어지고, 소망하는 삶을 살게 하기 위해 대원선사가 10계를 위주로 구성한 108 항목의 참회문이다. 한 대목마다 1배를 하여 108배를 실천할 것을 권한다.
170쪽. 15,000원

29. 달마의 일할도 허락지 않는다

대원선사의 짧고 명쾌한 법문집.
책을 잡는 순간 달마의 일할도 허락지 않는 선기와 맞닥뜨리게 될 것이다. 때로는 하늘을 찌를 듯한 기세와, 때로는 흔적 없는 공기와도 같은 향기를 일별하기를…
190쪽. 10,000원

30. 마음대로 앉아 죽고 서서 죽고

생사를 자재한 분들의 앉아서 열반하고 서서 열반한 내력은 물론 그분들의 생애와 법까지 일목요연하게 수록해놓았다.
446쪽. 15,000원

31. 화두 3개국어판 - 韓·英·中

『화두』는 대원선사의 평생 선문답의 결정판이다. 생생하게 살아있는 선(禪)을 한·영·중 3개국어로 만날 수 있다. 특히 대원선사의 짧은 일대기가 실려 있어 그 선풍을 음미하는 데에 큰 도움을 주고 있다.
440쪽. 15,000원

32. 바로보인 간당론

법문하는 이가 법리를 모르고 주장자를 치는 것을 눈먼 주장자라 한다. 법좌에 올라 주장자 쓰는 이들을 위해서 대원선사가 간당론에서 선리(禪理)만을 취하여『바로보인 간당론』을 출간하였다.
218쪽. 20,000원

33. 완전한 우리말 불공예식법

부처님께 공양을 올리고 불보살님의 가피를 구하는 예법 등을 총칭하여 불공예식법이라 한다. 대원선사가 이러한 불공예식의 본뜻을 살려서 완전한 우리말본 불공예식법을 출간하였다.
456쪽. 38,000원

34. 바로보인 유마경

유마경은 불법의 최정점을 찍는 경전이라 할 것이니, 불보살님이 교화하는 경지에서의 깨달음의 실경과 신통자재한 방편행을 보여주는 최상승 경전이다. 대원선사가 〈대원선사 토끼뿔〉로 이 유마경에 걸맞는 최상승법을 이 시대에 다시금 드날렸다.
568쪽. 20,000원

35. 실증설
5개국어판 - 韓·英·佛·西·中

대원선사가 불법의 참뜻을 보이기 위해 홀연히 펜을 들어 일시에 써내려간 실증설! 실증한 이가 아니고는 설파할 수 없는 도리로 가득한 이 책이 드디어 영어, 불어, 스페인어, 중국어를 더하여 5개국어로 편찬되었다.
860쪽. 25,000원

36. 누구나 궁금한 33가지
3개국어판 - 韓·英·中

누구라도 풀어야 할 숙제인 33가지의 의문에 대한 답을 21세기의 현대인에게 맞는 비유와 언어로 되살린 『누구나 궁금한 33가지』가 한글, 영어, 중국어 3개국어로 출산되었다.
408쪽. 15,000원

37. 달마의 일할도 허락지 않는다
3개국어판 - 韓·英·中

대원선사의 짧고 명쾌한 법문집인 『달마의 일할도 허락지 않는다』가 한글, 영어, 중국어 3개국어로 출간되었다. 전세계에서 유일하게 활선의 가풍이 이어지고 있는 한국, 그 가운데에서도 불조의 정맥을 이은 대원선사가 살활자재한 법문을 세계로 전하고 있는 책이다.
308쪽. 15,000원

38. 화엄경 (전81권)

대원선사는 선문염송 30권, 전등록 30권을 모두 역해하여 세계 최초로 1,463칙 전 공안에 착어하였다. 이러한 안목으로 대천세계를 손바닥의 겨자씨 들여다보듯 하신 불보살님들의 지혜와 신통으로 누리는 불가사의한 화엄세계를 열어 보였다.
220쪽. 각권 15,000원

39. 법성게 3개국어판 - 韓·英·中

법성게는 한마디로 화엄경의 핵심부를 훤출히 드러내 놓은 게송으로 짧은 글 속에 일체 법을 고스란히 담아 놓았다. 대원선사의 통쾌한 법성게 법문이 한영중 3개국어로 출간되었다.
376쪽. 15,000원

40. 정법의 원류

『정법의 원류』는 불조정맥을 이은 정맥선원의 소개서이다. 정맥선원은 불조정맥 제77조 조계종 전강 대선사의 인가 제자인 대원 전법선사가 주재하는 도량이다. 『정법의 원류』를 통해 정맥선원 대원선사의 정맥을 이은 법과 지도방편을 만날 수 있다.
444쪽. 20,000원

41. 바로보인 도가귀감

도가귀감은, 온통인 마음[一物]을 밝혀 회복함으로써, 생사를 비롯한 모든 아픔과 고를 여의어, 뜻과 같이 누려서 살게 하고자 한 도교의 뜻을, 서산대사가 밝혀놓은 책이다. 대원선사가 부록으로 도덕경의 중대한 대목을 더하고, 그 대목대목마다 결문(決文)하였다.
218쪽. 12,000원

42. 바로보인 유가귀감

유가귀감은 서산대사가 간추려놓은 구절로서, 간결하지만 심오하기 그지없으니, 간략한 구절 속에서 유교사상을 미루어볼 수 있게 하였다. 대원선사가 그 뜻이 잘 드러나게 번역하고 그 대목대목마다 결문(決文)하였다.
236쪽. 15,000원

43. 바로보인 전등록 (전30권)

7불로부터 52세대까지 1,701명 선지식의 깨달음의 진수가 담긴 전등록 30권에 농선 대원 선사가 선리(禪理)의 토끼뿔을 더해 닦아 증득하는데 도움이 되도록 하였다.
288쪽. 각권 15,000원

농선 대원 선사 법문 mp3 주문 판매

* 천부경 : 15,000원
* 신심명 : 30,000원
* 현종기 : 65,000원
* 기우목동가 : 75,000원
* 반야심경 : 1회당 5,000원 (총 32회)
* 선가귀감 : 1회당 5,000원 (총 80회)
* 금강경 : 40,000원
* 법성게 : 10,000원
* 법융선사 심명 : 100,000원

농선 대원 선사 작사 CD 주문 판매

* 가슴으로 부르는 불심의 노래 1,2,3집
  각 : 1만 5천원
* 유튜브에서 채널 구독하시고 무료로 찬불가 앨범을 감상하세요

주문 문의 ☎ 031-534-3373

유튜브에서 채널 구독하시고
무료로 찬불가 앨범을 감상하세요

유튜브에서 MOONZEN을 검색하시거나
아래의 주소로 접속해주세요

http://www.youtube.com/user/officialMOONZEN